생각이
크는
인문학

생각

생각이 크는 인문학

28 생각

글 이시한 그림 이진아

끊임없이 질문하는 자세 칭찬해!

을파소

차례

앞으로 생각하는 일을 AI가 대신해 준다고 해요. 그것도 매우 빠르게, 정확히, 많이, 또 넓고 깊게요. 이 편리함에 머리를 맡기는 순간, 우리는 AI에 의존하는 99%의 사람이 돼요. 이 99%는 미래를 살아갈 사람은 되어도, 미래를 이끌어 가는 사람은 되지 못해요. 미래를 만들어 가는 사람은 AI에게 생각을 맡기지 않고 주체적으로 생각해 가는 1%지요. 획일화되고 평균화된 AI의 생각을 깨고, 새로운 가능성을 열어 주는 것이 바로 이 1% '사람'의 생각이에요. 사람이기에 말도 안 되는 생각을 할 수 있는데, 그 말도 안 되는 것이 바로 창의성이고 새로운 것이며, 미래가 되거든요.

생각도 훈련이에요. 운동을 통해 육체를 단련하듯, 생각 역시 더 단단하게, 더 빠르게, 더 치밀하게, 더 공감력 있게 만들어 갈 수 있지요. 그러기 위해서 생각에 대해 아는 것이 필요해요. 이 책을 통해 생각에 대한 우리의 이해를 넓힐 거예요. 이런 작업들이 AI 시대에 가장 강력한 경쟁력이 될 것이라 믿는답니다.

우리는 흔히 생각을 '머리로 하는 일'이라고만 여겨요. 하지만 생각은 생각보다 하는 일이 많아요. 생각은 우리의 행동을 만들고, 행동은 습관이 되고, 습관은 삶의 방향을 바꾸어 주니까요. 그러니까 생각은 '머릿속에 떠오르는 무언가'를 넘어 '살아가는 방식'이에요. 예를 들어, 누군가에게 친절하게 말하는 순간에도 생각이 함께 움직여요. '상대가 어떤 기분일까?'라는 추측, '내 말이 어떤 결과를 만들까?'라는 판단, '내가 되고 싶은 사람은 어떤 사람인가?'라는 기준이 담겨 있지요. 우리는 늘 생각 위에 서서 하루를 살아요. 그러니 생각은 그대로 우리 자신이 되는 거예요.

〈생각이 크는 인문학〉 시리즈의 '생각' 편이기에, 아주 중요한 책이라고 생각하며 이 책을 썼답니다. 우리를 인간답게 만들어 주는 인문학의 근간이 바로 생각이니까요. 그만큼 많은 사람들에게 한 번 더 생각할 계기를 마련해 주고, 생각도 얼마든지 노력으로 자랄 수 있다는 '생각'을 할 수 있도록 구성했어요. 그리고 생각보다 재미있고, 생각 이상으로 유용하게 말이지요.

앞으로의 미래는 분명 지금보다 더 빠르고, 더 복잡하고, 더 화려한 세상일 거예요. 그 변화의 폭풍 속에서 흔들리지 않길 바라요. 흔들리지 않는다는 건 단단한 돌이 된다는 뜻이 아니라, 땅속에 깊고 넓게 뿌리를 내려 바람을 느끼는 나무가 된다는 뜻이에요. 이 책이 그 뿌리를 만드는 데 작은 도움이 되었으면 해요. 페이지를 넘기며 스스로 질문하고, 스스로 답을 찾아가는 연습을 해 보면 좋겠어요. 그러면서 생각이 자라, 그 생각하는 능력이 우리 자신을 지키고, 자존감을 키우고, 세상과 우리를 연결해 줄 거예요. 그리고 언젠가 '아, 내 생각이 꽤 자랐구나.'라고 느끼는 순간이 있다면, 그게 이 책이 존재하는 가장 큰 이유가 될 것이랍니다.

2026년 2월
이시한

제1장

생각이란 무엇일까?

일과 사람, 물건, 상황과 기분에 대해
헤아리거나 판단하는 것, 그리고 자신이 겪은
경험에 대한 기억을 '생각'이라고 해요.
사람이라면 어떤 내용이든, 얼마만큼의 깊이든
다양한 생각을 하며 살아가지요.

1 생각은 생각보다 하는 일이 많다

'생각이 뭘까?'라고 생각해 본 적 있나요? 없다고요. 그러면 한번 생각해 보세요. 생각이 뭘까요? 사실 '생각이 뭘까?'를 생각하는 내 생각이 바로 생각이에요. 복잡하지요? 그런데 이게 복잡하다고 생각하는 내 생각도 생각이에요. 간단하게 생각하면, 자신의 머릿속에서 일어나는 모든 활동이 다 생각이라고 해요. 조금 더 복잡하게 생각하면, 인간의 뇌에서 일어나는 의식적이고 또 무의식적인 정보 처리 과정으로, 느끼고, 판단하고, 상상하고, 기억하고, 창조하는 모든 정신 활동이 다 생각이랍니다.

그렇게 생각해 보면 우리는 하루 종일 생각을 하는 거예요. 아침에 일어나서 '오늘 어떤 옷을 입을까?'라고 고민하거나, 학교 가는 길에 '점심시간에 친구랑 무슨 놀이를 할까?'라고 계획을 세우는 것도 모두 생각이에요. 숙제를 하다가 '이 문제 어떻게 풀지?' 궁리하거나, 좋아하는 만화를 보며 '다음 이야기는 어떻게 될까?' 하고 상상하는 것도 생각이지요.

앞에서 생각이라는 말을 많이 써서 문장을 만들었지요? 이게 재미있다고 생각하는 사람도 있고, 어렵다고 생각하는 사람도 있어요. 생각은 사람마다 다 달라요. 그리고 하나의 생각에 이르는 과정도 다 다르고요. '재미있다'는 결론에 이르기까지 말장난처럼 보여서 재미있는 사람도 있고, 철학적인 느낌이 들어서 재미있는 사람도 있고, 전에 보지 못했던 말이라 재미있는 사람도 있어요.

생각은 흐르는 물과 같아요. 얼핏 보면 그냥 단순하게 위에서 아래로 흐르는 것 같지만, 물을 이루고 있는 하나하나의 물방울들은 모두 다른 방향으로 움직여요. 앞이나 옆으로 가는 것도 있고, 심지어 거꾸로 거슬러 올라가는 것도 있어요. 하지만 그 물방울들이 모여서 이루

어지는 물줄기의 방향은 하나예요. 우리의 생각도 그래요. 수많은 다양한 생각들이 머릿속에서 이리저리 움직이며 부딪히다가 결국 하나로 모여 결과가 되는 생각, 입 밖으로 나오는 말이 되는 것이지요.

그래서 생각이 굉장히 다양할 수밖에 없어요. '점심 식사로 무엇을 먹을까?'라는 같은 생각을 한다고 해서 사람마다 음식을 고르는 과정, 결론적으로 먹게 될 음식이 다 같은 것은 아니니, 전체적으로 보면 다른 것이지요. 지구상에 80억 명의 사람이 있다면 80억 개의 생각이 있는 거예요. 모두 다 다르고, 각각의 다른 특징이 있기 때문에 생각은 '우리 자신'이라고도 할 수 있어요. 우리가 하는 생각이 우리가 어떤 사람인지를 말해 주고, 우리가 어떤 사람이 될지를 결정하니까요.

가끔 생각 없이 산다는 말을 하는 경우도 있지만 사실 생각 없이 살 수 있는 사람은 아무도 없어요. 국제 경제가 앞으로 어떻게 될 것인가, 50년 안에 전쟁이 일어날 확률은 얼마나 될까, 지구의 환경을 보호하기 위해서 우린 어떤 노력을 해야 할까와 같은 어렵고 복잡한 생각을 매일 하지는 않아요. 하지만 목이 마르니 물을 마셔야겠다, 배가 고파 밥을 먹어야겠다는 생각조차 없으면 살 수가 없으니까요. 물론 사람마다 생각의 양과 깊이에 차이가 있어요. 그런 차이가 어떤 영향을 끼칠까요?

먼저, 생각은 문제를 푸는 데 큰 도움을 주어요. 지난주에 유진이가 학교에서 수학 문제를 풀게 되었어요. 선생님께서 "한 상자에 사과 6개가 들어 있고, 모두 4상자를 샀다면 사과는 모두 몇 개일까?" 하고 물으셨지요. 유진이는 잠시 다른 생각을 멈추고 머릿속으로 계산을 시작했어요. '6을 4번 더하면…… 아니, 6 곱하기 4는…… 뭐였더라? 6, 12, 18…… 24!' 이렇게 생각한 덕분에 "사과는 모두 24개입니다." 하고 정답을 맞혔어요. 이처럼 생각은 공부를 할 때나 시험 문제를 풀 때 큰 도움을 주어요. 또한 친구가 놀이터에서 지갑을 잃어버려서 속상해 할 때, '어디서 찾을 수 있을까? 미끄럼틀을 많이 탔다고 하니, 일단 미끄럼틀 주변부터 찾아볼까?'라는 생각을 하며 친구를 도와 지갑을 찾을 수도 있답니다.

그리고 생각은 감정과도 깊이 연결되어 있어요. 좋아하는 가수의 신곡을 기다리며 '이번 노래도 정말 좋을 것 같아!'라고 기대하거나, 활짝 핀 꽃과 따뜻한 바람을 느끼며 '이제 봄이 왔나 봐!' 하고 설레는 마음. 친구와 다퉜을 때 '내가 잘못했나?' 하고 마음이 무거워지는 것, 이런 다양한 감정도 생각의 한 부분이에요. 만나기로 한 친구가 자신을 반가워하지 않는 것 같아 섭섭하다고 화를 냈다가, 나중에 생각해 보니 반가운 마음을 충분히 표현하지 않은 것이지 실제로 반가워하지 않은 것은 아니라는 마음이 들어, '내가 먼저 미안했다고 말해야지.' 하고 결심하는 것도 생각이지요.

　생각은 또, 새로운 것을 만들어 내는 마법 같은 능력이에요. 지난여름, 민주는 운동회에서 반 친구들 모두 함께 응원하는 춤을 춰 영상을 만들자는 제안을 했어요. 반 친구들 전체가 춤을 맞추는 것은 처음 해 보는 것이라 음악은 무엇으로 할까? 이 동작은 너무 재미있다, 줄을 대각선으로 맞추면 좋겠다 등등 다양한 이야기를 나누며 재미있게 촬영을 했어요. 만약 우리가 운동회에서는 운동 경기만 열심히 하면 된다는 생각만 했다면, 이렇게 새로운 시도는 없었을 거예요.

　생각은 또 우리를 다른 사람들과 연결해 주는 역할을 해요. 지난달 선이는 학교에서 발표를 준비할 때 '동물 보호에 대해 발표를 해야 하는데, 어떻게 하면 친구들이 내 말을 재미있게 들을까?' 하고 생각했어요. 이때 조사한 자료만 말하지 않고, 어릴 때 선이네 집에서 살던 강아지 이야기를 해 주었어요. 길거리에 버려진 강아지를 발견해 집에 데려와서 행복한 추억을 만들며 살고 있다는 이야기였는데, 친구들이 다 귀 기울이고 들었어요. 발표가 끝난 뒤엔 반 친구들은 "버려진 동물들을 도울 방법이 더 없을까?" 하고 다양한 이야기를 나누었지요.

선이의 생각이 친구들의 마음을 움직이고 새로운 아이디어를 만들어 낸 거예요. 이처럼 나만의 생각이 다른 사람의 생각과 연결되면 생각이 커지면서 더 값진 결과를 낼 수가 있게 돼요.

그렇다면 생각은 어디서 올까요? 머릿속일까요, 아니면 마음속일까요? 옛날 사람들은 생각이 심장에서 나온다고 믿었어요. 가슴에 있는 심장이 뛰면서 사람을 움직이게 해 주니까, 거기서 생각이 나오는 거라고 생각했던 것이지요. 하지만 요즘 학자들은 뇌가 생각을 만든다고 말해요. 뇌가 마치 컴퓨터처럼 빠르게 정보를 처리하고, 새로운 생각을 만들어 낸다고요. 뇌가 어떻게 그런 신기한 일을 하는지는 아직도 완전히 풀리지 않은 비밀이지만요.

생각은 여러분을 특별하게 만드는 보물 상자와 같아요. 그 상자 안에는 어떤 멋진 보물들이 들어 있을까요? 생각이 어디서 시작됐는지, 또 어떻게 우리를 더 멋진 사람으로 만들어 주는지, 더 깊이 알아볼까요?

생각은 여기에 있거든!

이 안에 생각 있다

소중~

15

2 사람은 언제부터 생각을 했을까?

아주 먼 옛날을 상상해 볼게요. 그때는 불도 없고, 집도 없고, 컴퓨터나 스마트폰도 없던 시절이었지요. 사람들은 동굴이나 나무 아래에서 살았고, 매일 맹수나 궂은 날씨와 같은 위험과 마주했어요. 옛날 사람들은 깊은 숲속에 들어가 사냥을 하거나 열매를 따면서 '어떻게 해야 안전하게 집으로 돌아갈까?' 하고 생각했어요. 또한 '요즘 밤마다 호랑이 울음소리가 나는데, 어디로 숨을까?' 하며 동굴 안쪽으로 들어가 몸을 보호하거나, '돌이 내 주먹보다 단단한데, 뭔가 사냥에 도움이 되는 도구를 만들어 볼까?' 하고 돌을 깎아 도구를 만들었지요. 그때 사람들이 이런 생각을 하지 않았으면 어땠을까요? 많은 사람들이 호랑이 밥이 되거나 굶어 죽을 수 있어요. 나아가서는 지금처럼 집도 없고, 여러가지 생활 도구, 자동차, 컴퓨터, 스마트폰 등 지금 우리가 당연하게 누리고 있는 것들이 없을 수도 있고요. 이렇듯 생각은 아주 오래전부터 지금까지 사람들을 위험에서 지켜 주고, 더 나은 삶을 살게 해 주는 힘이 있답니다.

그렇다면 생각은 정확히 언제부터 시작된 걸까요? 이건 너무 어려운 문제예요. 옛날 사람들이 어떻게 생활했는지 실제로 본 사람은 아무도 없는 데다가 기록도 남아 있지 않아요. 또 생각이란 것이 어느 날 자고 일어나 보니 갑자기 '짜잔' 하고 나타나 시작된 게 아니니까요. 인류의 기원을 명확히 알 수 없는 것처럼 생각의 기원도 딱 떨어지는 수학 문제처럼 답할 수 없어요. 아마도 인류의 진화처럼 생각도 오랜 시간에 걸쳐 서서히 바뀌었을 거예요. 그리고 옛날 사람들의 생각 자체는 남아 있을 수 없으니, 그 생각의 흔적들을 보고 우리가 짐작할 수밖에 없어요.

그런 면에서 보자면 먼저 도구의 사용이 언제부터인지 생각해 보아야 해요. '손으로 열매를 따는 것보다 막대기를 사용하면 훨씬 편하게, 그리고 더 높이 있는 것도 딸 수 있겠구나.' 하고 생각을 해야 도구를 쓸 수 있는 것이니까요. 현재까지 발견된 가장 오래된 석기 도구의 흔적은 약 330만 년 전 아프리카 케냐 로메크위(Lomekwi) 유적에서 나온 것들이에요. 화석에서 동물 사냥과 식물 손질에 칼을 쓴 흔적이 확인되었거든요. 하지만 도구를 사용했다는 것이 반드시 생각이 있었다는 증거가 될 수 없는 게, 사실 지금의 까마귀나 원숭이, 해달과 같은 동물도 먹이를 먹기 위해 간단한 도구를 사용하거든요. 나뭇가지를 흰개미굴에 넣어 개미를 꺼내거나, 돌로 솔방울을 깨 안에 있는 씨앗을 먹어요. 카푸친 원숭이는 뗀석기를 사용한다고도 해요.

그래서 과학자들은 약 260만 년 전 에티오피아 고나(Gona)에서 발견된 석기들이 조금 더 복잡하게 발달된 것을 보고, 이때는 확실히 인류의 조상들이 생각을 할 수 있게 된 것이라 짐작하고 있어요.

'올도완 문화(Oldowan culture)'라고 부르는 이 시기에는 돌과 돌이 부딪히면 동물의 가죽을 찢을 만큼 날카로운 도구가 만들어진다는 사실을 깨달았을 것이라 추측해요. 이때 사람들은 '호모 하빌리스(Homo Habilis)'라고 하는데, 이 이름 자체가 '도구를 사용하는 사람', '손재주가 좋은 사람'이라는 뜻이에요. 이 사람들은 돌을 깨서 칼이나 망치 같은 도구를 만들었어요. 그러니까 고기를 자르거나 나무를 깎으려면 '어떤 돌이 더 단단할까?', '이 돌을 어떻게 써야 편할까?' 하고 생각을 했던 것이지요. 게다가 호모 하빌리스는 그 전 시대의 인류에 비해 뇌가 더 커지면서 지금 우리가 쓰는 언어까지는 아니어도, 적어도 목소리나 몸동작으로 다른 사람들과 소통했을 것이라 추정하고 있어요.

190만년 전에 나타난 호모 에렉투스(Homo Erectus)는 도끼를 만들었는데, 예쁘게 대칭으로 만들었어요. '아슐리안식 주먹도끼'라 부르는 이 도구는

▲ 올도완 석기

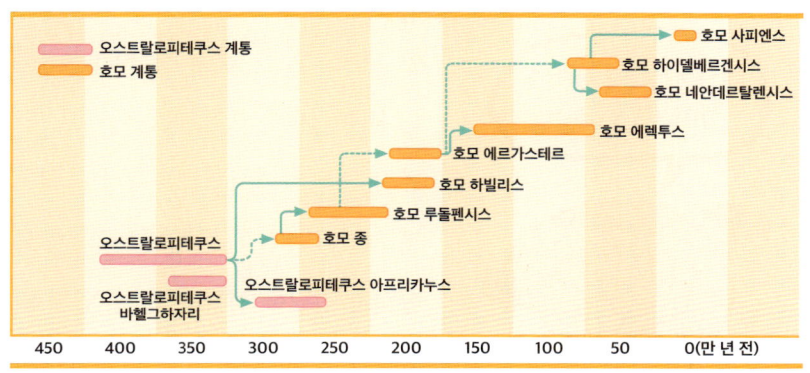

▲ 기원전 인류의 발달 과정

양손으로 쥐고 사용할 수 있도록 대칭으로 만든 거예요. 그런데 대칭
은 인류가 '형태'라는 개념에 대한 생각을 했다는 증거로 여겨요. 그리
고 호모 에렉투스는 불을 처음 사용한 종으로, 고기를 조리해 먹었어
요. 이것은 무엇을 의미할까요? 맞아요. 식재료를 익히면 조금 더 다양
한 음식을 만들 수 있다는 것을 생각했다는 뜻이에요. 생각도 인류처
럼 진화를 한 것 같지요?

이렇게 인류는 신체 구조가 진화하면서 조금씩 생각의 힘도 키웠어
요. 그러다 본격적으로 언어를 사용해요. 언어를 사용했다는 건 확실
하게 생각을 시작하게 되었다는 증거로 보고 있어요. 언어는 생각을 입
으로 표현하는 것이니까요. 물론 그 누구도 옛날 사람들이 언어를 어
떻게 썼다는 것을 듣고 본 사람은 없어요. 다만 호모 하빌리스가 간단

내가 커질수록 생각도 정교해졌을 거야!

한 의사소통을 했을 거라고 추정하는 것은 '뇌의 크기' 때문이에요. 인류가 발달하면서 뇌의 크기도 실제로 커졌기 때문에 동물과는 다른, 복잡하고 정교한 생각을 할 수 있게 되었거든요. 사용하는 도구도 달라지고, 의사소통의 방법도 달라졌을 거예요.

그 증거가 확실히 나타난 때는 40만 년 전에 나타난 네안데르탈인

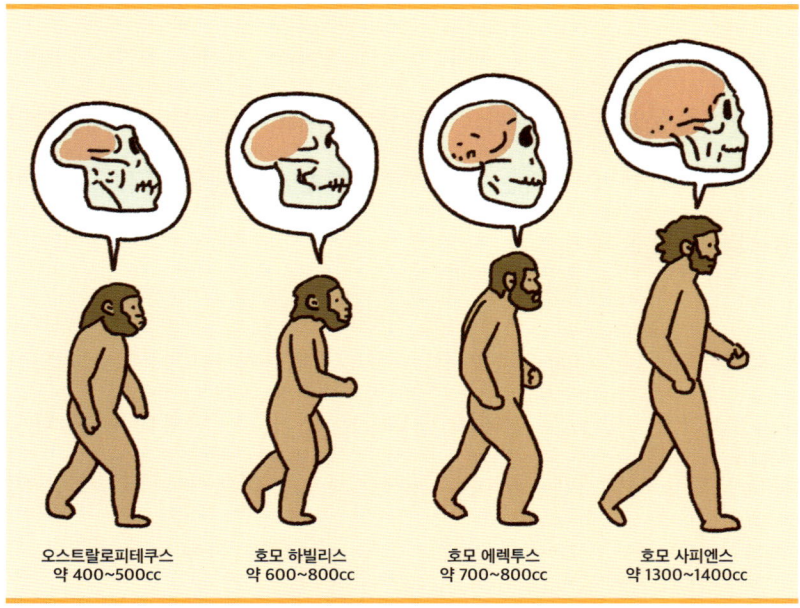

▲ 인류와 두개골, 뇌 크기의 변화

(Neandertaler)이나 30만 년 전에 나타난 호모 사피엔스(Homo sapiens)예요. 이들의 유전자에서 현대인의 언어 능력에 중요한 FOXP2(Forkhead box protein P2)* 유전자가 발견되었거든요. 이들의 화석을 보면 입이 발성 기관을 갖춘 구조라는 것을 알 수 있어요. 신체 구조와 유전자적으로만 보면 이들은 언어로 소통을 했을 수도 있다고 해요.

생각을 혼자만 하는 것에서 그치는 게 아니라 대화를 통해 나눌 수 있다는 것은 인간만이 할 수 있는 일이에요. 여러분이 축구를 한다고 생각해 보세요. "나에게 공을 패스해 줘!", "골문 쪽으로 뛰어!" 하고 다른 친구들에게 이야기할 거예요. 그렇게 소통을 해야 협동이 되면서 이길 가능성이 높아져요. 옛날 사람들도 사냥을 할 때 "사슴이 저쪽으로 갔어, 저 길을 막아.", "내가 막다른 길로 몰 테니 그때 잡아." 하며 계획을 세웠을 거예요. 언어를 통해 다른 사람과 함께 사냥을 하면서 성공 가능성을 높였고, 나무 열매도 찾으며 식량을 보다 많이 확보하게 되었어요. 그렇게 생각은 사람들을 친구로, 가족으로, 마을로 묶어 주는 역할을 했어요. 생각이 없었다면 우리는 아직도 혼자서 숨어 지냈을지도 몰라요.

* FOXP2 척추동물에서 발견되는 유전자 중 하나로, 뇌에서는 인간의 언어 발달, 뇌 밖에서는 폐와 소화 조직의 발달에 관련되어 있다.

어느 날 갑자기 사람들이 말하게 된 것은 아니에요. 우리가 아기 때는 말을 못하다가 '엄마'라는 말을 시작으로, '밥(맘마)'이나 '과자(까까)'와 같은 말을 한두 단어씩 배우며 어느 순간 문장을 말하게 돼요. 그리고 학교에 다니는 지금은 친구나 어른과 대화를 할 정도로 능숙하게 말을 할 거예요. 마찬가지로 생각 역시 처음에는 아주 간단하고 초보적인 형태였다가 점점 복잡해지고, 다른 사람들과 나누면서 더욱 정교해지는 발전 과정을 거쳤어요. '사람은 생각을 언제부터 했나?'라는 물음에 대해 정확하게 연도를 이야기할 수는 없어요. 하지만 적어도 200만 년 전에는 생각을 했고, 그 생각을 다른 사람에게 전달할 수 있는 기본적인 구조가 존재했을 거라 추측하고 있답니다.

3 생각 때문에 인간이 지구를 정복했다고?

소통은 인간의 집단생활에 굉장히 중요한 요소예요. 사냥을 하러 다닐 때, 서로 "저쪽으로 가자."라고 이야기하거나, 열매를 따러 갈 때 "그 열매는 위험해."라고 정보를 교환할 수 있다면, 집단의 힘은 굉장히 강력해져요. 호랑이 같은 발톱이 있는 것도 아니고, 곰보다 힘도 세지 않고, 늑대처럼 빠르지도 않은 사람이 어떻게 지구상의 모든 자원을 활용하고 권력을 지닌 종이 되었는지에 대해, 수많은 학자들은 사람은 그들 스스로 하는 생각을 바탕으로 힘을 합칠 수 있었기 때문이라고 말하고 있어요.

〈사피엔스〉라는 책을 쓴 유발 하라리라는 학자는 인간이 다른 동물들과 구별되며 지구의 지배자가 될 수 있었던 이유로 상상력과 집단 협력, 언어 능력이라는 세 가지 힘을 이야기해요. 그런데 상상력도, 협력도, 언어도 모두 생각의 힘에서 나온 거예요. 생각을 할 수 있어야 상상도 할 수 있는 것이고, 생각을 할 수 있어야 언어를 말할 수 있으며, 생각을 통해서 나온 언어로 서로 의견을 교환해야 협력도 가능한 것이니까요. 그러니 결국 인간이 지구의 주인공이 된 것은 생각의 힘 때문이지요.

조금 더 구체적으로 인간이 생각의 힘을 어떻게 썼는지 생각해 볼게요. 아주 오래전, 사람들은 추운 겨울을 어떻게 지낼지 고민했어요. 그러다가 번개를 맞은 나무에 무언가 빨갛고 뜨거운 기운이 한동안 머물다가 없어지는 것을 보았어요. 그것은 빛도 있어 어두운 밤에도 잘 보였지요. 사람들은 그것을 직접 만들어 보기로 했어요. '나무를 문지르면 뜨거워질까?', '돌을 부딪치면 번개 같은 게 만들어질까?' 하고 생각하며 이런저런 방법으로 시도를 했고, 결국에는 빨갛고 뜨거운 기운을 만들어 '불'이라는 이름을 붙였지요. 불이 없었으면 인간은 살아남을 수 없었을 거예요. 생각은 인간이 춥고 위험한 세상에서 살아남도록 도와준 첫 번째 무기였어요.

그리고 생각은 인간이 자연을 더 잘 이용하도록 도왔어요. 예를 들어, 강이 흐르는 마을에 살던 사람들은 물의 힘이 세다는 것을 알아챘어요. 어쩌다 떨어뜨린 신발도 저 멀리 떠내려가니까요. 그러다 '강물이 흐르는 힘을 어떻게 쓸까?', '어떻게 만들어야 잘 돌아갈까?' 하고 깊이 생각한 끝에 물의 힘을 이용한 물레방아를 만들어 냈어요. 이런 생각의 결과 덕분에 사람들은 힘들게 손으로 곡식을 갈지 않아도 됐고, 그 가루로 다양한 음식을 만들 수 있었어요. 이렇게 생각은 인간이 자연의 힘을 잘 활용할 수 있게 만들어 준 힘이에요.

생각은 사람들 사이의 소통을 가능하게 했어요. 그건 지금 옆에 있는 사람, 같은 시대의 사람과의 소통만 이야기하는 게 아니에요. 옛날 사람, 미래의 사람과도 소통이 가능하거든요. 문자로 말이지요.
처음에는 소통을 위해 그림을 그렸어요. 먹으면 배가 아픈 열매, 맹수를 사냥하는 방법 등 생존에 필요한 내용을 전하기 위해서요. 그러다 '어떻게 하면 효과적으로 생각을 전달할까?', '소리를 기호로 나타내면 어떨까?'처럼 깊이 생각하면서 지금 우리가 쓰는 문자가 생겼어요. 조선 시대 때 세종 대왕과 학자들은 '우리가 하는 말을 어려운 한자가 아닌 쉬운 문자로 쓸 수 있을까? 그럼 백성들도 누구나 쉽게 배울 수 있을 텐데……' 같은 생각을 거듭하다가 한글을 만들어 냈지요. 자기 집 안의 조상에 대해서 들은 적이 한 번쯤은 있을 거예요. 이는 나의 조상이 조선 시대 때 누구였고 어떤 일을 했는지, 누구와 결혼을 해 그 자손이 누구인지 등 집안의 내력을 적어 놓은 족보를 통해 알 수 있어요. 문자를 통해 현재의 내가 옛날 사람과 소통한 거예요.

생각은 또, 세상을 더 재미있게 만들었어요. 옛날 누군가가 '어떻게 하면 사람들을 즐겁게 할까?' 하고 생각하며 노래를 만들거나, 이야기

를 들려주었어요. 이런 생각들이 쌓여서 지금 우리가 듣는 음악, 보는 만화, 읽는 책이 생겼어요. 생각은 세상을 더 재미있고 풍성하게 만들어 주었어요. 그러면서 사람들이 꿈을 꾸게 했지요. 여러분은 달에 가고 싶다는 생각을 해 본 적이 있나요? 옛날 사람들은 하늘을 보며 '저 별은 뭐지?', '달에 정말 토끼가 살까?'라고 생각했어요. 이런 생각들이 쌓여서 결국 인간은 달에 갈 수 있었어요.

달에 처음으로 인간의 발자국을 찍은 닐 암스트롱이라는 우주 비행사는 "이것은 한 명의 인간에게는 작은 발걸음이지만, 인류에게는 위대한 도약이다."라고 말했어요. 여기에 한 마디 덧붙이면 "이것은 개인의 한 발자국에 불과하지만, 사실은 수많은 사람들의 생각이 모인 결과다."라고 할 수 있겠어요. '로켓을 어떻게 만들까?', '우주에서 어떻게 숨을 쉴까?'라고 생각하고 고민한 결과, 우주에 갈 수 있었던 것이니까요. 이런 생각들이 없었다면, 우리는 아직도 달에는 토끼가 살고 있다고 믿고 있을지도 몰라요. 생각은 인간이 하늘을 날고, 바다를 건너고, 심지어 우주까지 가도록 만들어 준 날개예요.

우리를 움직이게 하고, 세상을 바꾸는 생각. 이 정도면 정말 생각이 지구를 정복하는 힘이 있는 거 맞지요? 여러분이 '환경을 지키려면 어떻게 해야 할까?' 하고 고민하거나, '다리를 다친 친구를 도울 방법은 뭘까?'라고 생각한다면, 그게 바로 세상을 더 나은 곳으로 만드는 시작이에요. 생각이 없었다면, 우리가 다니는 학교도, 게임기도, 심지어 스마트폰도 없었을 테니까요. 생각은 사람이 지구상의 동물들과 달리 문화를 만들고 과학 기술을 발달시키며 더 멋진 세상을 만든 비결이랍니다.

미래에는 내가 어떻게 변할지 생각해 봐!

AI

4 뇌가 생각을 하는 과정과 원리

여러분은 생각이 어디서, 어떻게 이루어지는지 궁금한 적 있나요? 우리가 '오늘 어떤 간식을 먹을까?'라고 고민하거나, '과학 숙제를 어떻게 할까?'라고 계획을 세울 때, 그 모든 생각이 우리 뇌에서 만들어져요. 뇌는 마치 머릿속에 있는 슈퍼컴퓨터 같아요. 사람의 몸에서는 작은 부분이지만 이 작은 뇌에 있는 수십억 개의 세포를 움직이며 멋진 생각들을 만들어 낸답니다.

성인의 뇌는 길이 16cm, 폭 14cm, 높이 10cm 정도로, 두 손으로 감쌀 수 있을 정도의 크기예요. 무게는 약 1.5kg정도고요. 지금 읽고 있는 이 책의 무게가 0.3kg정도니까, 이 책 다섯 권 정도의 무게지요. 엄청나게 강력한 뇌의 능력에 비하면 생각보다 크지 않고 무겁지도 않아요. 그런데 이 뇌는 수십억 개의 '뉴런'이라는 세포로 가득 차 있어요. 뉴런은 뇌의 기본 구성원으로, 서로 메시지를 주고받으며 생각을 만들어요. 뉴런 하나하나는 아주 작아서 눈에 안 보이지만 이들이 함께 일할 때는 엄청난 힘을 발휘해요.

여러분이 줄넘기 연습할 때를 떠올려 보세요. '점프를 조금 낮게 뛰면 힘이 덜 들까?', '손목을 어떻게 움직이면 더 빨리 줄을 돌릴까?'라고 생각할 때, 뉴런들은 전기 신호를 빠르게 주고받아요. 이 신호는 마치 번개처럼 뇌 안을 쉭쉭 지나다니며 "손목을 이렇게 움직여.", "점프를 할 때 다리에 힘을 조금 덜 줘."와 같은 명령을 손목과 다리에 보내

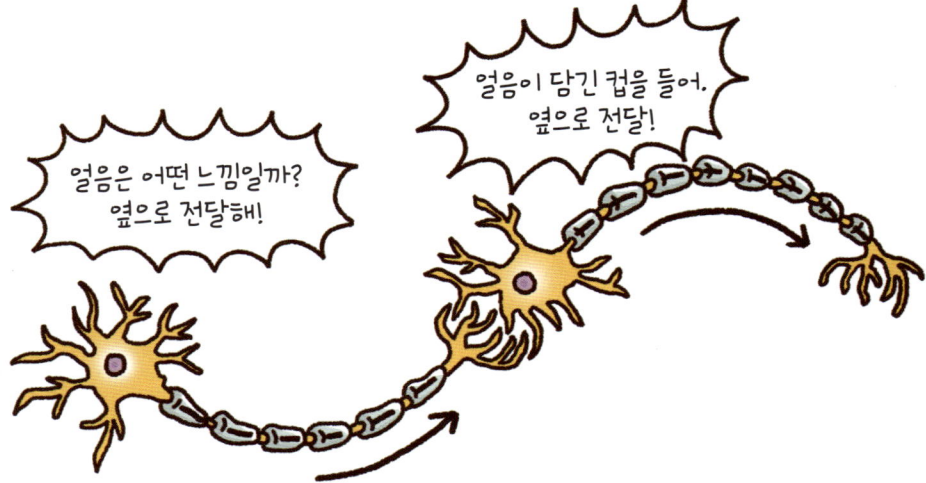

지요. 그러면 여러분은 줄넘기를 적은 힘으로, 더 빨리 할 수 있게 되는 거예요.

뉴런들이 이렇게 신호를 주고받는 곳이 바로 '시냅스'라는 연결 고리예요. 시냅스는 뉴런과 뉴런 사이를 이어주는 다리 역할을 해요. 이 다리를 통해 전기 신호와 화학 신호가 빠르게 오가며 생각을 만들어 내는 거예요. 여러분이 학교 과학 시간에 얼음이 물로 변하는 과정에 대한 실험을 한다고 생각해 보세요. 딱딱하고 각진 얼음을 냄비에 넣고 열을 가해요. 얼음이 점점 녹는 장면을 여러분의 눈으로 보면 이 내용은 뉴런을 통해 뇌로 전달돼요. 첫 번째 뉴런이 "얼음이 작아지면서 주변에 물이 생겼어."라는 내용를 시냅스로 보내요. 시냅스에서는

이 내용을 옆에 있는 뉴런에게 전달하지요. 스마트폰으로 메시지를 전달하는 것처럼 빠르게 또 다른 뉴런에게 정보를 보내요. 이 과정은 눈 깜짝할 사이, 1초도 안 걸릴 만큼 빨라요. 그래서 여러분이 "얼음이 뜨거운 열을 만나면 점점 녹고, 분자의 움직임이 빨라지면서 액체 형태인 물이 되는 거야."라고 깨닫는 순간은, 뉴런들이 시냅스를 통해 바쁘게 대화를 나눈 결과예요. 그리고 시냅스는 그 수가 고정되어 있는 게 아니라 자꾸 만들어져요. 새로운 게임 규칙을 배우거나 친구와 재미난 이야기를 나눌 때 등 뉴런은 새로운 연결을 만드는 것이지요.

학교에서 "지구는 태양 주위를 돈다."는 사실을 배웠어요. 그 사실에 대한 이유를 들으면서 뉴런들이 새로운 시냅스를 만들어요. 그리고 나중에 "지구 이외에 태양 주위를 도는 행성들이 있을까?"라는 내용을 배울 때 앞서 만들었던 시냅스를 다시 사용해요. 시냅스가 많아지면 뉴런끼리의 연결이 활발해져요. 그럼 정보 전달과 문제 해결 능력이 높아지고, 기억력과 학습력이 좋아지지요. 또한 다양한 정보가 있으니 환경 변화에 빠르게 적응해, 당황스럽거나 긴장되는 상황을 마주해도 침착하게 문제를 해결할 방법을 찾을 수 있는 것이지요. 그래서 뇌는 생각하면 할수록 더욱 강해진다는 거예요. 마치 근육처럼이요. 보다 깊이, 또 많이 생각하려고 애쓸수록 뇌는 점점 더 멋진 생각을 만들어 낼 수 있게 된답니다.

뇌는 또 여러 구역으로 나뉘어 각자 다른 일을 해요. 마치 학교에서 친구들이 각자 역할을 나눠 과제를 하는 것처럼 말이에요. 여러분이 학교에서 환경 보호 포스터를 만드는 활동을 한다고 생각해 보세요. 먼저, 뇌의 앞쪽에 있는 전전두엽은 계획을 세우고 문제를 푸는 일을 맡아요. 포스터를 만들기 위해 주제를 고민할 때, 전전두엽은 마치 팀 리더처럼 '환경 보호 주제가 어떨까?', '포스터에 어떤 그림을 넣으면 좋을까?'라며 구체적인 계획을 세워요. 그 다음, 포스터를 그리기 위해 '짙은 파란색으로 바다를 칠해야 하늘과 구분이 되겠지?', '나무의 잎을 많이 그리면 더 싱그러워 보일까?' 하며 색깔과 모양을 떠올리는 건 뇌의 뒤쪽에 있는 후두엽의 역할이에요. 후두엽은 마치 화가처럼 여러분이 본 색깔과 그림을 분석해 '이 색깔 조합이 예쁘겠어.' 하고 알려 줘요. 마지막으로, 뇌의 옆쪽에 있는 측두엽은 소리를 듣고 기억을 저장하는 일을 맡아요. 선생님께서 "재활용은 환경을 지키는 좋은 방법 중 하나예요."라고 말씀하신 것을 측두엽이 기억을 해요. 측두엽은 마치 기록 보관소 같은 곳이라, 측두엽에 보관되어 있는 내용 중 포스터에 들어가면 좋을 내용을 꺼내 줘요. 그래서 '재활용 쓰레기통 그림을 넣어 볼까?'와 같은 생각을 할 수 있게 되지요. 즉 전전두엽이 계획을 세우면, 후두엽이 색과 모양을 보고, 측두엽이 기억과 소리를 더해 하나의 멋진 포스터를 완성하는 거예요.

그리고 뇌는 기억을 저장해서 생각을 더 풍부하게 만들어 주어요. 기억은 뇌의 '해마'라는 부분에 저장이 돼요. 해마는 뇌의 사서 같아서, 중요한 정보를 정리하고 필요할 때 꺼내 주는 역할을 해요. '코끼리'라는 단어를 들으면 여러분은 동물원에서 본 코끼리가 물을 뿜던 모습을 떠올릴 수 있어요. 바로 해마가 작용한 결과예요. 이 기억이 '코끼리는 어떻게 코로 물을 뿜을까?'와 같은 새로운 생각으로 이어지지요. 해마가 기억을 잘 정리하지 않았다면, 우리는 매일 똑같은 걸 새로 배워야 할 거예요. 물론 그렇게 배워도 금방 또 잊어버리고요. 기억할 수 없으니까요.

뇌는 또 상상력을 키워 주는 데도 큰 역할을 해요. '대뇌피질'이라는 뇌의 겉 부분은 상상과 창의적인 생각을 만들어요. 여러분이 국어 시간에 "만약 내가 하늘을 날 수 있다면?"이라는 주제로 글을 쓴다면, 대뇌피질은 날아다니며 축구하기, 하늘에 생긴 신호등과 같은, 현실에서는 볼 수 없는 생각들을 만들어요. 이 덕분에 기발하고 재미난 글을 쓸 수 있어요.

그런데 뇌가 항상 완벽하게 생각을 만들까요? 아니에요. 가끔은 뇌도 혼란스러울 때가 있어요. 예를 들어, 발표를 앞두고 너무 긴장하면 '뭘 말해야 하지?'라는 생각에 다른 생각이 떠오르지 않을 때가 있을 거예요. 그건 뇌의 '편도체'라는 부분이 "긴장돼!"라는 신호를 보내서 뉴런들 또한 다른 생각보다 '긴장된다'는 생각만 전달한 거예요. 하지만 숨을 깊게 쉬며 '연습했던 걸 떠올리며 천천히 말해 볼까?'라고 생각하면, 전전두엽이 다시 뉴런들을 정리해 침착하게 생각하도록 도와줘요. 뇌는 이렇게 여러 구역이 서로 도우며 생각을 만들어 내는 멋진 팀이에요.

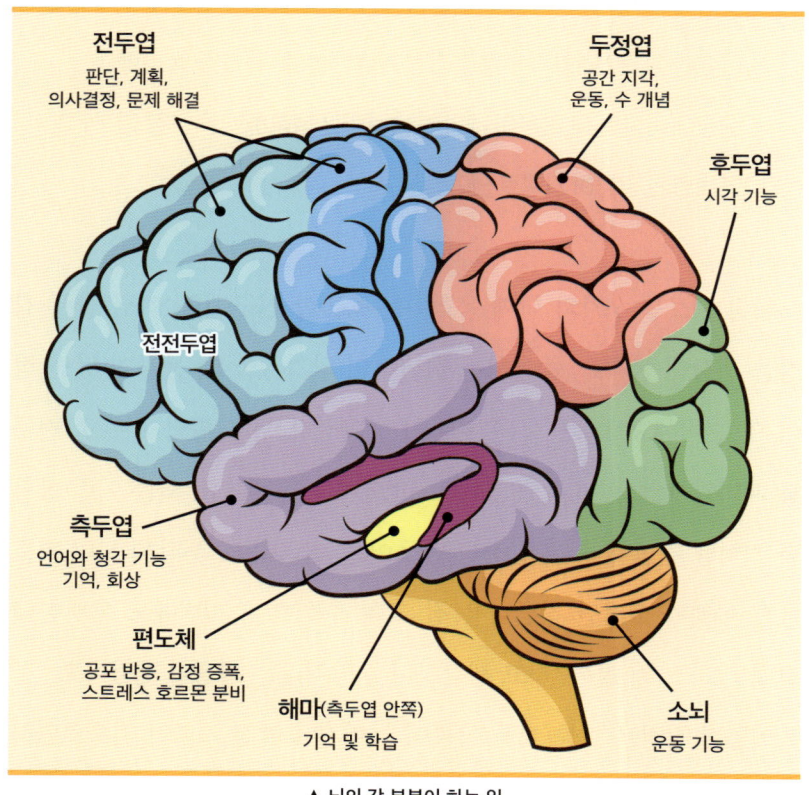

전두엽
판단, 계획,
의사결정, 문제 해결

두정엽
공간 지각,
운동, 수 개념

후두엽
시각 기능

전전두엽

측두엽
언어와 청각 기능
기억, 회상

편도체
공포 반응, 감정 증폭,
스트레스 호르몬 분비

해마(측두엽 안쪽)
기억 및 학습

소뇌
운동 기능

▲ 뇌의 각 부분이 하는 일

5 감정도 생각일까?

"학교에서 친구와 함께 공기 놀이를 했다. 꺾기를 하는데 친구 손가락에 부딪힌 공기알이 내 이마로 날아왔다. 아프진 않았는데, 그 상황이 너무 웃겨서 친구와 깔깔 웃었다. 내일 또 공기 놀이를 하자고 약속할 정도로 말이다. 집에 와서 연습을 해 보려는데, 공기가 없어진 게 아닌가! 대체 어디로 간 거지? 내일 친구랑 같이 하기로 했는데……. 너무 속상했다.

그런데 속상한 이 마음이 내가 속상하다고 생각해서 속상한 걸까? 아니면 속상한 감정이 저절로 생겨난 걸까?"

감정은 보통 생각과 함께 움직이는 특별한 친구예요. 가령 슬픈 감정을 생각해 볼게요. 좋아하는 장난감이 망가졌을 때 눈물이 났던 적이 있을 거예요. 이 슬픔은 '로봇이 망가졌다.'는 상황과 '이걸로 친구랑 재미있게 놀았는데…….'라는 기억에서 시작됐어요. 뇌는 이런 상황과 기억을 결합해 슬픈 감정을 만들어요. 그런데 또 생각해 보니 평소에도 아빠가 고장난 장남감을 잘 고쳐 주셨으니, '이번에도 아빠한테 고쳐 달라고 해 볼까?'라고 생각하니 희망이라는 감정이 생겼어요.

이렇게 감정은 보통 어떤 상황에 놓이거나 예전 기억이 떠오르면서 생기기 때문에, 아무런 이유 없이 나타나지 않아요. 가끔 '왜 슬픈지 모르겠어.'라고 느낄 때도 있긴 해요. 그런데 그 역시 뇌가 무의식적으로 지난 기억을 떠올리며 감정을 만드는 경우일 수 있어요. 하지만 조금 더 과학적으로 보면 감정은 일정한 자극에 따라 생기는 호르몬 때문에 생기는 것이라 반드시 생각을 해야 감정이 나타난다고 할 수는 없어요. 예전에 행복했던 장면과 비슷한 장면을 보면 가슴이 저절로 두근두근해지고, 좋아하는 음식 냄새가 나면 기분이 좋아지는 것처럼이요. 우울한 감정도 특별한 이유 없이 생기기도 해요. 그래서 우울한 감정을 쉽게 느끼는 병을 치료하기 위해서 처방된 약을 복용하기도 해요. 약으로 우울감을 일으키는 호르몬이 너무 많이 나오지 않도록 조절하는 거예요. 그럼 감정과 생각은 다른 걸까요? 정확하게 이야기하면 감정이 곧 생각이라고 할 수는 없지만 대부분의 경우 감정은 생각과 같이 움직여요.

일단 생각은 감정을 확대하거나 조절하기도 해요. 친구들과 즐거운 시간을 보내고 사진을 찍으려고 할 때, 가슴이 두근거리면서 '정말 행복해!'라는 느낌이 들어요. 이 행복한 감정은 뇌가 '좋아하는 친구들과 사진을 찍어 간직할 수 있어.', '이렇게 즐거운 날이 또 있을까?'와 같은 생각을 하기 때문에 행복한 감정이 더욱 커지는 거예요. 감정이 생각과 손잡고 우리 마음을 더 밝고 따뜻하게 해 준 것이지요.

학교에서 친구와 의견이 달라서 섭섭한 감정을 느꼈던 적이 있을 거예요. 처음에는 그냥 섭섭한 마음이었지만, 생각할수록 '왜 내 말을 이해하지 않고, 나의 편을 들어주지 않지?'라는 생각 때문에 나중에는 분노로 변한 일도 있고요. 그런데 생각은 이 화를 진정시켜 주기도 해요. 처음엔 화가 났지만 가만히 생각해 보니 '나와 친구의 생각이 달랐을 수도 있어.'라고 생각하며 마음을 가라앉히는 것이지요. 이건 뇌가 화난 감정을 보고 '친구도 나도 마음이 불편한데, 어떻게 해야 할까?'라는 생각이 들게 한 덕분이에요. 이렇게 감정은 생각과 함께 움직이며 우리를 고집불통으로 만들기도 하고, 반대로 이해심 많은 사람으로 만들어 주기도 해요.

감정이 생각을 이끄는 경우도 있어요. 반 친구들과 어떤 아이의 생일 파티를 해 주기로 했는데, 그 아이가 마침 내가 좋아하는 친구라면 파티를 위한 여러 가지 아이디어가 샘솟을 거예요. 그 친구의 기쁜 표정을 보기 위해서 말이에요. 또, 학교에서 전학 온 친구가 혼자 점심을 먹는 걸 봤어요. '전학 온 지 얼마 안 돼서 낯설고 어색할 텐데, 밥도 혼자 먹어 외로울 거야.'라는 안타까운 감정이 들면, 뇌는 '어떻게 다가가면 좋을까?', '같이 밥을 먹자고 할까?'와 같은 생각을 만들어요. 그래서 나와 친구들이 먼저 "같이 밥 먹자." 하고 말을 걸었고, 그 덕분에 전학 온 친구가 웃으며 친구들과 어울리게 되었어요. 안타까운 감정이 '도와주고 싶다.'는 생각을 하게 해 주었고, 그 생각은 곧 "같이 밥 먹자."라는 말과 함께 어울리는 행동을 이끌게 된 거예요.

이렇듯 감정이 곧 생각과 같은 것이라고 할 수는 없지만, 이 둘은 함께 움직이는 경향이 있어요. 감정이 호르몬의 작용이라지만 그 호르몬이 분비될 때는 보통은 이유가 있어요. 그 이유가 바로 '생각'의 영역이에요. 생각이 있고 그것 때문에 감정이 드러나게 되는 거예요. 반대로 감정을 먼저 느끼고 이 감정의 이유가 무엇인지 나중에 생각을 하게 되는 경우도 있어요.

심리학에는 '카필라노(Capilano)의 법칙'이 있어요. 흔들다리 효과라고도 하는 이 법칙은 캐나다의 카필라노 협곡에 있는, 흔들림이 심한 다리에서 진행된 실험에서 유래되었어요. 아름다운 여성이 혼자 다리를 건너는 18~35세 사이에 있는 남성에게 설문조사를 핑계로 말을 걸었다가, 연락처를 주면서 데이트 신청을 한 뒤 실제로 연락이 올 확률을 조사해 본 거예요. 이때 남성들의 50% 이상이 연락을 해 왔다고 해요. 그런데 강 위에 있고 불안정한 이 다리가 아닌, 지상과 가까운 안전한 다리에서 똑같은 실험을 했는데, 연락을 한 남성은 12.5% 정도였다고 해요. 어떻게 이런 결과가 나온 것일까요?

흔들림이 심한 다리를 건너고 있는 남성들은 두려움 때문에 심장박동이 빨라지고, 체온이 상승하며, 호흡이 가빠졌어요. 그런데 이러한 신체 반응은 첫눈에 반해 사랑에 빠질 때와 비슷하다고 해요. 그래서 남성들은 자신들이 느끼는 신체의 변화, 감정의 변화가 앞에 있는 여성 때문에 그렇다고 잘못 생각을 한 거예요. 이런 경우는 감정이 먼저, 그리고 생각이 그 뒤에 오는 경우라고 할 수 있답니다.

동물도 생각을 할까?

세계적인 영장류학자인 프란스 드 발의 책 〈동물의 감정에 관한 생각〉에서는 동물이 생각을 할 가능성에 대해 이야기하고 있어요. 친구의 이름을 부르는 돌고래나, 유행을 따르는 원숭이 같은 사례들을 보면 동물들도 생각을 할 수도 있다고 하지요. 다만 이 책에서는 확실하게 동물들은 생각할 수 있는 의식이 있는 존재라고 정의하지는 않아요. 과학적으로 논란이 많을 수 있고, 동물이 생각할 수 있는 존재라고 단정지으면 몇몇 동물을 식용으로 하는 사람이 윤리적인 문제에 부딪힐 수도 있기 때문이에요.

그래도 집에 있는 반려동물을 가만히 보면 아무래도 동물들도 생각을 하는 것 같다는 느낌을 강하게 받아요. 간식을 손에 들고 '손~'하면 냉큼 손을 주는데, 간식 없이 그냥 '손~'하면 손을 절대 주지 않는 강아지를 보면서, '얘는 분명 생각을 하는 거야.'라고 생각한 적이 있거든요.

다람쥐는 가을에 도토리를 땅에 묻고, 겨울이 되어 배고플 때 그 도토리를 찾아내요. 그런데 다람쥐가 도토리를 찾아내는 방법은 냄새나 소리가 아닌, '이 도토리를 여기에 묻었지.'라는 기억이라고 해요. 그냥 아무 데나 파는 것이 아니라, 자기가 숨긴 장소를 정확하게 파거든요. 다람쥐가 어디에 도토리를 숨겼는지 기억하는 거예요.

또한 강아지 산책 훈련을 할 때는, 처음에 주인이 간식을 가지고 강아지가 옆에서 나란히 걸을 수 있도록 해요. 주변 환경에 흥분하지 않고, 특히 다른 개나 사람이 지나갈 때 달려들지 않도록 간식으로 집중을 시키지요. 그렇게 반복해서 훈련을 하면 강아지들은 자신이 얌전하게 주인과 보폭을 맞추어 걸으면 좋아하는 간식을 먹을 수 있다는 생각, 기분 좋게 바깥 바람을 맞으며 걸을 수 있다는 생각을 하게 된다고 해요. 나중에는 간식이 없어도 얌전히 산책을 하게 되는 것이고요.

이런 걸 보면 분명 동물들도 생각을 하는 것 같아요. 학계에서도 동물들 역시 외부 자극을 인지하고, 경험을 통해 기억을 쌓고, 학습을 통해 행동을 바꾸는 것까지는 인정을 하지요. 특히 유인원이나 돌고래, 까마귀 등은 문제 해결을 위한 판단을 내린다고 해요. 하지만 이런 동물들의 생각이 사람의 생각과 같지는 않아요. 왜냐하면 동물들의 생각은 현재의 자신의 생존과 관련한 것에 한정해 생각을 하기 때문이에요. 먹이, 배변, 안전, 재미 같은 것이요. 반면 인간의 생각은 동물의 생각을 넘어 과거와 미래, 그리고 복잡한 계획을 세우는 것이 가능하지요. 윤리적 판단을 하고, 무엇보다 언어를 통해 다른 사람들과 생각을 나누면서 발전시킬 수 있어요.

사람은 앞으로 커서 뭐가 될까를 생각할 수 있는데, 동물은 '앞으로'라는 개념이 없어요. 지금 눈앞에 있는 저 먹이를 먹으려면 어떻게 해야 할까, 정도의 생각을 하는 것이지요. 그래서 '동물들도 생각을 할까?'라는 질문에 답을 하려면 생각의 기준을 정하는 게 먼저일 거예요. 생각이 복잡한 계획을 세우거나, 다른 사람과 관계를 맺고, 미래를 상상해 새로운 물건을 만들어 낼 정도라야 한다면 동물들에게는 생각 능력이 없는 것이니까요. 반면 외부 자극을 인지하고, 반응하고, 배우는 능력 정도만 있어도 생각이라고 한다면 동물 가운데 생각을 가진 동물들도 있다는 것이고요.

분명한 것은 사람과 자주 접하는 동물들은 야생의 동물보다는 생각이란 걸 할 가능성이 높다는 거예요. 우리 집 반려동물들도 나름대로의 생각을 하는 존재라 할 수도 있어요. 그러니 동물을 함부로 대해서는 안 되겠어요. 날 보고 어떤 생각을 할지 모르니까요.

제2장

[생각이
왜 중요할까?]

오래전, 우리 조상들이 한 생각으로
집이 지어지고, 자동차가 발달했으며, AI가 만들어졌어요.
과거의 생각이 지금 우리의 삶을 바꾼 것이지요.
그건 지금 우리의 생각이 미래의 사람들에게
분명 큰 영향을 줄 거란 뜻이랍니다.

1 생각 따라 역사가 바뀌었다고?

프랑스의 철학자이자 시인인 폴 발레리는 "생각하는 대로 살지 않으면, 사는 대로 생각하게 된다."라는 말을 했어요. 자신의 생각을 먼저 정리하고 그에 따라 자신이 나아가야 할 방향을 조절하는 사람과, 몸에 익숙해진 버릇이나 그때그때의 상황에 따라 사는 사람의 차이를 설명한 말이에요. 세계적으로 인정받는 영화감독이 되고 싶다는 목표를 이루기 위해서는 영화를 보는 눈과 멋진 구도를 알아채는 감각이 중요하다고 생각해서 영화를 많이 보는 사람은 생각하는 대로 사는 사람이에요. 그런데 텔레비전이나 온라인 서비스에서 주구장창 영화만 보며 시간을 보내다가, 언젠가 이런 경험이 큰 도움이 될 거라고 생각만 하는 사람은 사는 대로 생각하는 사람인 거예요.

생각을 가지고 영화를 본 사람은 영화를 볼 때 인물의 성격, 이야기 흐름과 배경, 촬영했을 때 화면 구성 등 많은 부분을 공부하며 생각하며 볼 것이고, 그렇기 때문에 영화를 본 경험이 자신이 성장하는 데 자양분*이 될 거예요. 반면에 그냥 심심해서, 시간이 남아서 아무 생각 없이 영화를 보던 사람은 현재의 시간을 그저 재미를 쫓는 데 소비하는 가능성이 많겠지요. 물론 이런 사람 중 나중에 훌륭한 영화감독이

---

* **자양분** 몸이나 마음, 정신이 성장하고 발전하는 데 도움이 되는 영양분, 정보, 지식 등을 이르는 말.

되는 사람이 나올 수도 있어요. 하지만 보통은 생각하는 대로 사는 사람 중에 영화감독이 나올 확률이 훨씬 높을 거예요. 그리고 보면 자신의 인생을 바꾸고, 자신이 속한 사회를 발전시키며, 나아가 인류 역사를 한 단계 높은 차원으로 끌어 올리는 사람들은 생각을 먼저 하고 그 생각을 행동으로 실천한 사람들이에요. 인간의 역사는 바로 이렇게 생각을 먼저 하고, 그 생각을 실현시키는 과정으로 발전해 왔답니다.

생각은 씨앗과 같아요. 작은 씨앗이 자라서 커다란 나무가 되듯, 생각도 시간이 지나며 역사를 바꾸는 큰 힘을 발휘했어요. 노트처럼 접어 휴대하기 좋은 태블릿 PC가 있어요. 지금은 흔하지만 예전에는 커다란 컴퓨터도 큰 회사에서나 사용했지요. 옛날에 만든 영화를 보면 태블릿 PC 같은 것을 쓰는 모습이 나와요. 그때는 당연히 이런 도구가 없었기 때문에 '영화 만드는 사람들의 상상력이 대단하다!', '예지력이 있다.'라고 생각할 수 있어요. 하지만 반대로 태블릿 PC를 만든 기술자들이 어릴 때 그런 영화를 보고 자라서, 실제로 영화에서 본 것을 구현하려고 하다 보니 태블릿 PC가 나왔을 수도 있지요. 작은 생각이 자라고 자라 태블릿 PC라는 열매가 맺게 된 것이에요.

사람이 하는 수많은 생각들이 모두 다 실현되는 것은 아니지만, 실현된 것들의 대부분은 생각이 먼저 작동한 것들이에요. 예전에는 사람들이 아픈 이유를 정확히 몰랐어요. 하지만 한 의사가 더러운 손으로 음식을 먹는 사람을 보며, '더러운 손에 병을 일으키는 균이 있는 게 아닐까?' 하고 생각했어요. 그래서 손을 깨끗이 씻거나 물을 끓이는 방법을 사람들에게 알려 주었지요. 이 생각은 많은 사람을 병에서 구했어요.

또한 생각은 사회를 바꾸기도 했어요. 사람들이 모여 살기 시작하면서 질서가 필요했고, 그러기 위해서는 힘과 통제가 있어야 했어요. 이는 왕과 귀족, 백성이라는 신분제 사회를 만들었지요. 신분제는 모든 사람이 같은 위치일 수 없기에 불평등할 수밖에 없었어요. 그러다 누군가 생각하기 시작한 거예요. '왕으로 태어난 사람과 백성으로 태어난 사람은 신분을 제외하면 무슨 차이일까?' 하고요. 결국 그렇게 생각하는 사람들이 힘을 모아 신분제를 폐지시켰어요. 사람들이 모두 평등하게 똑같이 대접받는 세상이 되었으면 하는 생각들이 지금의 민주주의 사회를 만든 거예요.

생각은 인간이 어느 방향으로 나아갈지를 알려 주는 나침반과 같아요. 어디로 가야할지 모르겠을 때 나침반을 보는 것처럼, 어떻게 해야 할지 결정을 하지 못할 때 생각을 하면 돼요. 생각에는 돈이 들지

생각을 하고 살아. 사는 대로 생각하지 말고!

그게 무슨 차이가 있는데?

생각 대로 산다는 건 자신이 더 주체가 되는 삶이야!

나

나의 의지로 삶을 개척한다!

사는대로 생각한다는 건 상황에 이끌려가는 느낌이지.

타인

자~ 이 쪽입니다~

우르르~

아.....

내 생각은 어디로 향해 갈까?

아무 생각없이 게임만 하지 말고!

않고 한계도 없잖아요. 그래서 수많은 생각들이 일어나고, 자유롭게 생각을 해요. 그 많은 생각 중 어떤 선택이 최선일까, 또 생각하는 것이지요. 그러다 보니 한 사람, 한 사람 모두의 생각이 다 다를 수밖에 없어요. 하지만 누군가 한 명이 오른쪽으로 생각했다고 해서 그 방향으로 우리 모두가 가는 게 아니에요. 모두 다 생각이 다르니까요. 그래서 서로의 생각을 꺼내서 이야기하고, 맞추어 보고, 설득하고, 공감하는 과정을 거쳐요. 그렇게 모인 생각 중 다수의 사람들이 좋다고 여기는 생각이 선택되고, 바로 그 방향으로 사람의 역사는 나아간답니다.

2 생각이 언어를 지배할까, 언어가 생각을 지배할까?

지금부터 생각하지 않고 말을 해 보세요. 그런데 이 말을 본 순간 이미 생각이라는 것이 시작하기 때문에 생각하지 않고 말한다는 것은 불가능한 일이에요. 그러니 생각이 언어를 지배하는 것 같아요.

그러면 이번에는 손이 움직이는 대로 그림을 그려 생각을 이어가 보세요. 아무리 미술에 뛰어난 재능을 가진 친구라도 그림으로만 생각을

이어가는 건 어려워요. 선 하나를 그으면 다음 선은 어떻게 할까, 이렇게 하니 동물 모양이 되었는걸? 하는 생각이 들기 때문이에요. 머릿속에서 하는 생각이라도 자신은 언어를 이용해 생각하게 돼요. 말은 안해도 머릿속은 언어로 가득 찬다는 뜻이에요. 다른 나라의 언어를 능숙하게 하려면 꿈도 그 나라 언어로 꿀 정도로 생각하는 언어 자체를 바꿔야 한다는 말이 있어요. 그런 면에서 보자면 언어가 생각을 지배하는 것도 맞는 말 같아요.

그러면 학자들은 생각이 말보다 앞선다고 할까요, 말이 생각보다 앞선다고 할까요? 사실 학자들도 헷갈리기는 마찬가지예요. '사피어-워프 가설(Sapir-Whor hypothesisf)'이라는 것이 있는데, 이 가설에서는 언어가 한 사람이 세상을 인식하는 방법에 직접적인 영향을 준다고 봐요. 사람이 할 수 있는 생각의 넓이를 언어가 결정한다는 것이지요.

서양인들은 해초류를 잘 먹지 않았어요. 그래서 서양인들은 해초류를 이르는 단어가 'seaweed'밖에 없어요. 김도, 미역도, 다시마도 서양에서는 seaweed예요. 그러니 서양인들은 김과 미역을 구분하지 못하는 경우가 많아요. 같은 단어니까 같은 것이라고 여기는 것이지요. 하지만 우리는 그 둘이 아예 다른 것이라는 걸 알아요. 미역국에 미역 대신 김을 넣었다고 생각해 보세요. 김국이 되잖아요. 그럼 미역국과는 다른 맛이 떠올려질 거예요.

한국은 김, 미역, 다시마 외에도 톳, 파래, 우뭇가사리, 모자반, 매생이 등 해초류를 부르는 다양한 단어가 있어요. 단어가 다르다는 것은 종류가 다르다는 것이고, 모두 특징이 다르다는 뜻이에요. 그리고 그 해초들을 각각 구분할 수 있다는 것이고요. 결국 어떤 언어를 사용하느냐에 따라 사람들의 사고방식과 감각적 경험조차 달라질 수 있다고 볼 수 있어요. 그러니 언어가 생각을 이끈다는 말인 것이지요.

하지만 완전히 반대의 주장도 있어요. 스위스의 철학자 장 피아제와 미국의 언어학자이자 철학자 노암 촘스키는 이런 주장의 대표 학자예요. 사람의 생각은 언어에 앞서 존재하며, 언어는 그 생각을 외부로 표현하는 수단일 뿐이라는 거예요. 사람의 생각 능력은 언어 능력과 다르다고요. 그러니까 사람들은 어떤 언어를 사용하든, 생각의 구조는 같다고 봐요. 음악을 예로 들어 볼까요? 대부분의, 아니, 거의 모든 사람들이 장조* 음악은 즐거운 느낌을, 단조* 음악은 슬픈 느낌을 받아요. 가사없이도 음악만을 듣고 비슷한 정서를 느끼는 것이지요. 그러니까 감정이나 생각하는 구조가 언어와 상관없이 작동한다는 뜻이라는 거예요.

그럼 생각이 먼저냐, 언어가 먼저냐? 어느 게 맞을까요? 학자들도 아직 그 답을 명확하게 하지 못했어요. 오래된 논쟁인 '닭이 먼저냐 달걀이 먼저냐?'처럼요. 일단은 "언어가 먼저다.", "생각이 먼저다."라고 하나만 선택하기 보다는, 언어와 생각은 분리할 수 없을 정도로 깊게 얽

* **장조** 밝고 희망찬 느낌을 주는 화음.
* **단조** 슬프고 어두운 느낌을 주는 화음.

혀 있는 것이라는 견해가 우세해요. 언어와 생각은 서로 독립된 것이 아니라 서로 영향을 주고받는 관계라는 것이지요. 생각이 언어를 완전히 지배한다고 보기에는 언어가 생각에 미치는 영향이 크고, 언어가 생각을 전적으로 지배한다고 보기에는 사람의 본능적인 생각 능력은 언어가 나타나기 이전에도 존재하거든요. 따라서 오늘날에는 언어와 생각은 서로 영향을 주고받는 관계로 이해하는 것이 일반적이에요. 사람은 생각을 통해 언어를 만들어 내고, 언어를 통해 생각을 겉으로 드러내며, 이 과정을 반복하면서 생각의 폭을 넓혀가는 존재랍니다.

3 문제를 해결하려면 생각을 해야 한다고?

우리는 매일 문제를 풀어요. 학교에서도, 학원에서도, 또 집에서도요. 하지만 그런 문제는 문제가 아니에요. 문제에 정답이 있다면 그건 기억력으로 풀 수 있는 문제거든요. 기억도 일종의 생각이지만 복잡한 사고 작용은 아니에요. 단순하게 암기하는 것이니까요. 진짜 문제는 정해진 답이 없어서 과거에 배웠던 지식만으로는 풀 수가 없어요. 일상에서 일어나는 다양한 사건도 진짜 문제예요. 부모님이 아끼는 화분을 깼다면, 그것을 '어떻게 이야기하고 용서를 받아야 하나?'와 같은 생각을 하는 게 진짜 문제예요. 주머니에 있던 스마트폰이 없어졌는데, '그 스마트폰을 어떻게 찾아야 하나?'를 생각하는 것도요. 그나마 스마트폰을 찾는 것은 정답이 있긴 해요. 누가 훔쳐 간 것이 아니라면, 어딘가에 놓고 온 것이니까요. 객관식이 아닐 뿐이지 답은 있어요. 하지만 '부모님이 아끼는 화분을 깼다면 어떻게 해야 할까?'에 대한 답은 많은 생각을 해야 해요. 화분을 깬 이유와 나의 태도에 따라 부모님의 반응이 달라질 수 있거든요.

이 문제를 해결하기 위해서 반드시 필요한 게 사고력, 그러니까 생각의 힘이에요. 일단 당장 혼이 나지 않기 위해 거짓말을 하는 것은 좋은 방법이 아니에요. 금세 들통나기 쉽거든요. 그럼 솔직히 이야기했을 때보다 더 많이 혼이 나게 돼요. 그러니 먼저 내가 화분을 왜 깼을까를 생각해요. 지나가다가 부딪혀 실수로 깼을 수도 있고, 공을 던지는 장난을 치다 깼을 수도 있어요. 평소에 장난을 많이 쳤다거나 조심성 없이 다녔다면 부모님께 혼이 날 확률이 높아질 거예요. 그리고 내가 다쳤는지, 얼마나 어질러졌는지를 확인해요. 아무리 장난을 치다 깼더라도 내가 다치지 않았다면 일단 부모님은 안심하실 거니까요. 이렇게 차근차근 생각을 하며 이 문제의 원인과 해결할 방법을 찾는 거예요. 그리고 해결 방법 중 어느 것이 가장 효과적일까를 비교해 보는 것도 생각의 힘이에요. 부모님이 집에 오실 때까지 기다렸다가 상황을 설명할 것인지, 아니면 당장 전화해 말씀드리는 게 더 나은 방법일지를 비교하는 것처럼요.

　이런 과정을 어려운 말로 하자면, 문제의 상황 파악, 원인 분석, 대안 제시, 대안 선택의 프로세스라고 해요. 정확하게 어떤 것이 가장 문제인지, 그 문제의 원인은 무엇인지, 그 원인을 제거하는 해결 방법은

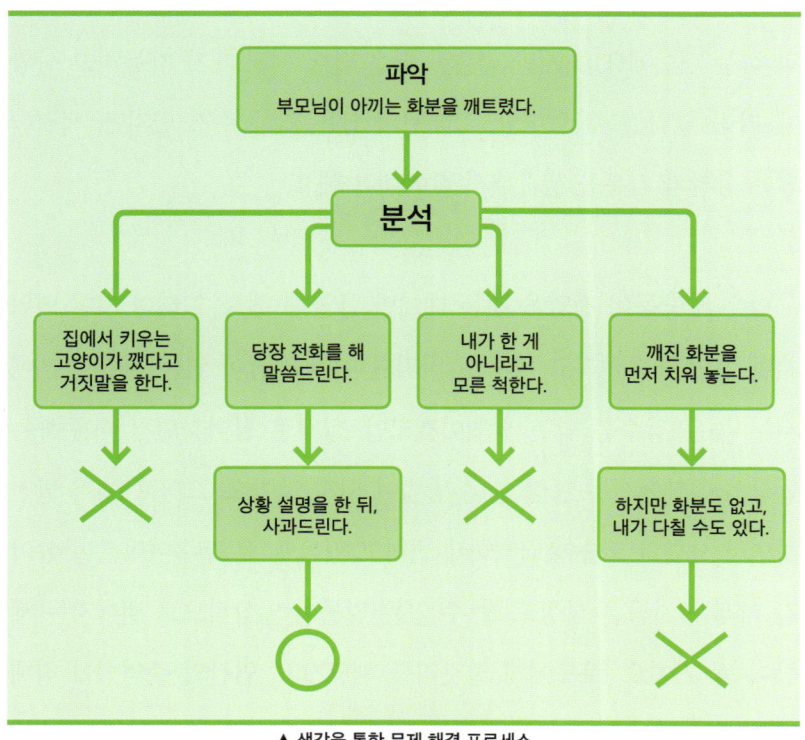

▲ 생각을 통한 문제 해결 프로세스

어떤 것들이 있는지, 그 해결 방법 중에 지금 상황에서 가장 효과적인 것은 무엇인지 차례로 생각해야 한다는 뜻이에요. 복잡하다고요? 여러분이 평소에 하는 생각의 과정이랍니다.

그런데 보통 우리가 일상에서, 그리고 나중에 어른이 되어서 사회에서 만나게 되는 그런 문제들이 바로 이런 정답이 없는 문제들이라는 거예요. 언제나 통하는 정답이 존재하지 않기 때문에, 지금 상황에서 가장 적절한 답을 찾아야 해요. 정답은 하나밖에 없고, 반드시 그래야만 하는 것이에요. 하지만 적절한 답은 답이 여러 개가 가능하고 상황에 따라 달라질 수 있어요. 그래서 정답은 외울 수가 있지만, 적절한 답은 상황과 기분을 생각해서 찾아내야 해요.

많은 사람들이 정답을 찾는 데에만 급급해 해요. 그러다 보니 외워서만 정답을 맞히려고 하지요. 하지만 이건 정답이 있는 시험 문제에서는 높은 점수를 받는 방법이겠지만, 실제로 살아가면서 마주하는 일상의 문제에서는 항상 좋은 방법이 되지 않아요. 그리고 AI가 발전하면서 사회의 모습이 급격하게 변하고 있어요. 앞으로 여러분이 살아갈 미래는 지금은 상상도 할 수 없는 일들이 일상적으로 벌어지는 세상이 될 거예요. 로봇에게 일자리를 빼앗기고, 인간의 존엄성이 침해당할 수도 있어요. 그래서 우리는 문제를 외워서 잘 푸는 방법이 아닌,

어떤 문제라도 적절한 해결책에 접근할 수 있는 생각의 힘 자체를 길러야 한다는 것이에요.

4 아무도 생각하지 못한 걸 떠올린다면?

기존에 없던 새로운 생각을 해야 하는 이유가 무엇일까요? 반복되는 문제가 있다고 해 볼게요. 반복된다는 것은 사실 그 문제의 해결책을 아직 찾지 못했다는 거예요. 그러니까 지금까지 누구나 할 수 있는 생각 정도로 해결책을 제시한 사람들은, 실제로 그 문제의 해결책에 다다르지 못한 거거든요. 그 문제를 해결하기 위해서는 남들과 다른 생각이 필요해요.

1950년대 일본의 시라이시 요시아키라는 사람은 초밥집을 운영하고 있었는데, 가게가 크지 않아 직원을 두기엔 무리가 있었기에 바쁜 시간에는 손님을 많이 받기가 어려웠어요. 그래서 이 문제를 어떻게 해결해야 하나 골똘히 생각하던 중에 한 공장을 방문하게 되었어요. 거기서 컨베이어 벨트로 제품이 이동하며 만들어지는 모습을 보고, '저 기계를 초밥집에 도입하면 어떨까?' 하는 생각을 하게 돼요. 그전까

지는 아무도 그런 생각을 한 적이 없었거든요. 그래서 이 사람은 컨베이어 벨트를 가게 가운데에 설치하고, 기계 위에 초밥이 담긴 접시를 올려놓아 돌아가게 만들었어요. 좁은 가게 안에서 직원이 직접 서비스하지 않더라도 손님들이 먹고 싶은 초밥을 직접 골라 먹을 수 있는 시스템을 개발해 낸 거예요. 그게 바로 '회전 초밥'이에요. 지금은 그런 가게가 여기저기 많이 보이지만, 이때만 해도 아무도 생각하지 못했어요. 회전 초밥 아이디어는 좁은 공간과 인건비 문제를 해결하면서 초밥 가격을 부담스럽지 않을 정도로도 낮추었기 때문에, 초밥의 대중화에도 도움을 주었답니다.

이렇게 남들이 생각하지 못한 독창적인 생각은 차별점을 만들어 내요. '독창(獨創)'이라는 말 자체가 '홀로(獨) 만들다(創)'라는 뜻이에요. 독창적인 생각은 독창적인 대안, 독창적인 물건, 독창적인 방법들을 만들어 내는 씨앗이기 때문에, 지금의 시대에는 굉장히 중요한 힘이에요. 요즘은 AI에게 물어보면 평범하고 비슷한 의견을 빠르게 얻을 수 있어요. AI를 활용하는 게 나쁘다는 게 아니에요. 사람이 독창적으로 질문을 해야, AI도 독창적 대답이 나온다는 것이지요. 그리고 그런 독창적인 대답이 사람에게 쓸모가 있는 거예요. 누구나 할 수 있는 똑같은 대답이라면 그것으로 경쟁력을 삼기는 힘들거든요.

예전에는 독창적인 생각을 하더라도 스스로 정보를 찾고, 비슷한 생각이 있는지 비교하는 것 모두 다 혼자 해야 했어요. 다른 나라의 누군가가 먼저 생각해 낸 것일 수도 있으니 독창적이라고 할 수도 없었고요. 하지만 지금은 독창적인 생각을 처음부터 끝까지 혼자 해야 하는 것도 아니에요. 정보도 넘쳐나고 AI의 도움을 받을 수 있으니까요. 아이디어 한두 개만 있어도 독창적인 생각으로 증폭시킬 수도 있거든요. 다만 이때 중요한 것은 아무리 한두 단어에 불과하더라도 스스로 생각을 해야 한다는 거예요. 누구나 할 수 있는 생각은 실제로 아무 경쟁력이 없거든요. 우리가 계속해서 스스로 정보를 찾으며 지식을 쌓고 다른 사람들이 하지 못하는 생각을 해 보는 연습을 해야 하는 이유랍니다.

생각하지 않고
저지른 행동이 만들어 낸 비극

　인간은 서로 도우며 발전해 가는 경우가 대부분이지만, 때때로 나쁜 짓을 벌이기도 해요. 그중에서 손꼽을 수 있는 것이 '전쟁'이에요. 제2차 세계 대전 때, 독일은 경제가 어려워지고 나라가 분열되는 이유를 유대인 때문이라고 여겼어요. 1차 세계 대전에서 패배한 것을 유대인의 탓으로 몰았고요. 그래서 유대인들을 닥치는 대로 잡아갔고, 수용소에 가두어 힘든 일을 시키고 고문을 했어요. 이때 나치에 의해 목숨을 잃은 유대인들의 수가 공식적으로 600만 명 정도라고 하지만 실제로는 그 이상일 것이라 예상하고 있어요.

　다행히 독일은 전쟁에서 패배했고, 전쟁을 벌인 사람들은 재판을 받아 처벌을 받았어요. 유대인 학살을 지휘한 사람 중에 아돌프 아이히만이라는 사람이 있었어요. 이 사람도 체포되어 재판을 받게 되었는데, 아이히만이 재판에서 이런 말을 했어요. "나는 단지 명령을 따랐을 뿐이다. 개인적인 악의는 없었다."라고요. 이 사람은 군인이었는데, 군인은 상부의 명령에 반드시 따라야 하거든요. 군인 입장으로는 올바른 태도라는 거예요.

　이 재판을 지켜본 사람들은 깜짝 놀랐어요. 이런 생각을 한다는 것 자체도 놀라웠고, 유대인 학살의 책임자라고 하니 악마 같은 모습의 잔

인한 사람을 상상했는데, 재판에 나온 사람은 이웃집 아저씨 같은 평범한 모습을 한 사람이었거든요. 아이히만의 말을 들은 수잔 손탁이라는 사람이 〈예루살렘의 아이히만〉이라는 책에 이 재판을 기록하며, '악의 평범성'이라는 말을 썼어요. 그녀는 아이히만을 보며 "괴물이 아니라, 자기 생각 없이 체제에 복종한 평범한 인간"이라고 말했어요. 그러면서

"끔찍한 악도, 스스로를 악하다고 생각하지 않는 평범한 사람이 체계적으로 실행할 수 있다."라고 덧붙였지요.

아이히만의 사례를 보면서 우리가 알아야 하는 것은 부당한 지시를 받으면 그것을 거부하고 저항할 줄 알아야 한다는 거예요. 이때 생각의 힘이 필요해요. 그 지시가 부당하다고 생각하고, 자신의 생각에 따라 올바른 행동을 해야 하는 것이지요. 인간적인 최소한의 생각 없이 행동한 아이히만은 유대인 학살의 상징으로 인류사에 기록된 가장 끔찍한 사람 중 하나가 된 거예요.

우리도 마찬가지예요. 생각하지 않고 행동하면 어떤 결과를 불러 일으킬지 몰라요. 자신의 행동이 다른 사람에게 피해를 줄 수도 있거든요. 그러니 다른 사람과 연관된 어떤 말이나 행동을 할 때에는 특별히 더 신중하게 생각해야 해요. 생각 없이 행동하면 악의 평범성이 남의 이야기가 아닐 수도 있으니까요.

제3장

[어떻게
생각해야 할까?]

나를 바꾸고, 세상을 바꾸는 생각.
생각은 머릿속에 자연스럽게 떠오르는 것 같지만
연습과 훈련이 필요하다는 거, 아나요?
좀 더 깊고 넓게 생각을 하는 방법을 알아보아요.

1 셜록 홈즈가 명탐정인 이유

사람들이 가장 많이 알고 있는 탐정에는 셜록 홈즈가 있어요. 사실 셜록 홈즈는 실존 인물이 아니라 영국의 소설가이자 의사인 아서 코난 도일이 만들어 낸 가상의 명탐정이라는 거 알고 있나요? 소설의 주인공이에요.

셜록 홈즈가 사건 현장을 둘러본 뒤 범인을 지목할 때 "당신이 범인이에요."라고만 하지 않아요. "이러저러해서 이런 일이 벌어졌고, 이런저런 증거가 남았기 때문에 당신이 범인이에요."라고 정확한 이유를 대지요. 이런 방식을 '추리'라고 하는데, 추리가 바로 생각의 과정이에요. 그런데 이 추리에는 필요한 것이 있어요. 예를 들어 볼게요. 셜록 홈즈는 친구이자 조수 역할을 하는 존 왓슨에게 이렇게 말해요. "왓슨, 아침부터 전보 부치고 오느라고 수고했어."라고요. 그러면 왓슨은 깜짝 놀라며 왓슨이 가장 많이 하는 이 말을 해요. "아니, 그걸 어떻게 알았지?"라고 말이요. 이에 셜록 홈즈는 설명을 해 주어요. "자네 구두에 묻어 있는 붉은 흙은, 이 근방에선 런던 우체국 앞에만 깔린 것이야. 이른 아침부터 런던 우체국에 갔다는 것은 전보를 부치러 가는 일밖에 없는 거지."라고 말이지요.

이렇게 셜록 홈즈가 왓슨이 말하지 않았지만 무엇을 하고 왔는지를 생각의 힘으로 알아내는 과정을 거쳤을 거예요. 그 과정에는 어떤 것들이 필요할까요? 일단 왓슨의 구두에 묻은 붉은 흙이 어디에 있는 건지 알아채야 하니까 '관찰'이 필요해요. 그 붉은 흙이 셜록 홈즈가 사는 근처에는 런던 우체국 앞에만 있다는 것을 아는 것은 '지식'이고요. 그리고 이른 아침에 우체국에 가는 사람은 전보를 보내러 가는 것이라고 아는 것은 '경험'인 것이지요. 이런 것들을 합쳐서 셜록 홈즈는 왓슨이 아침에 어딜 다녀왔는지 알아맞힐 수 있었어요.

이렇게 생각의 기본 재료는 바로 지식, 상식, 관찰, 경험과 같은 객관적 사실들이에요. 지식은 어떤 대상에 대해 배워서 알게 되는 전문적인 내용들이고, 상식은 사람들이 일상생활을 통해서 알고 있거나, 알아야 하는 것들이지요. 관찰은 주변을 주의 깊게 보는 것이고, 경험은 우리가 겪은 일이나 그 일을 통해 얻은 내용을 말해요.

일단 지식은 배움을 통해서 얻을 수 있어요. 예전에는 선생님에게 배우거나 책을 통해서만 지식을 쌓을 수 있었어요. 하지만 요즘은 '이게 궁금해!'라는 생각이 들면 바로 인터넷을 검색해 지식에 쉽고 빠르게 접근할 수 있게 되었지요. 상식은 책이나 친구들과의 대화, 사람들과의 만남 등 일상생활을 통해서도 쌓여요. 다른 사람들과 공유하는 가치관이나 이해력, 판단력 같은 것이니까요. 그래서 지식은 "물은 액

체다."처럼 모든 전 세계 사람들이 같은 답을 하지만, 상식은 "추석은 대한민국의 명절이다."처럼 나라나 지역, 시대에 따라 달라질 수 있어요. 그리고 경험은 나 스스로 용기를 내 이런저런 일에 직접 부딪혀 봐야 확장되는 것이지요. 매일 먹는 것만 먹고, 가는 데만 가고, 보는 것만 본다면 경험이 한정될 수밖에 없거든요. 또한 관찰은 다른 사람이나 자연, 세상에 대한 호기심이 있다면 저절로 늘어나요. 궁금한 마음에 조금 더 주의 깊게 보고 기억하게 되니까요.

왓슨 자네 우체국을 다녀왔군.

헉! 어떻게 알았지?

조금만 관찰해도 알 수 있지.

이런 기본적인 생각의 재료들은 우리의 생각을 더욱 풍부하게 해 주고, 생각의 방향을 다양하게 해 주어요. 과학자들은 뇌가 어떤 대상을 관찰하고 새로운 일을 경험할 때마다 뉴런들이 새로운 연결을 만든다고 해요. 여러분이 매일 주변을 자세히 보고, 새로운 경험을 쌓으면, 생각의 힘이 점점 더 커진다는 거예요. 그러니 생각의 힘을 키우려면 "왜? 어떻게?"를 자주 물으며 관찰하고, 기억하고, 책을 보거나 다른 사람에게 물어보며 배우려는 자세를 유지해야 해요.

2 무조건 깊이 생각해야 좋은 생각이 나올까?

우리는 매일 생각하며 살아가지만, 생각하는 방식은 다 달라요. 어떨 때는 차근차근 따져보는 논리적 생각을 하고, 어떨 때는 순간적인 느낌처럼 빠르게 떠오르는 직관적 생각을 하지요. 둘 다 멋진 생각을 만들어 낼 수 있지만, 어떤 차이가 있을까요?

직관적 생각은 마치 번개처럼 빠르게 떠오르는 아이디어예요. 그러면 직관적 생각이라는 것은 생각보다는 그냥 느낌이 아닌가라고 생각할 수도 있어요. 하지만 학자들이 찾아낸 직관은, 지식이 논리적 연결고리를 만들기 전에 쌓이고 쌓인 경험들을 통해 번쩍 하고 드는 생각이라고 해요. 뇌가 과거의 경험, 감정, 기억을 재빨리 이용해 상황에 대한 답을 주는 거예요. 그게 마치 복잡한 분석이나 깊은 고민 없이, 느낌이나 본능에 따라 빠르게 판단하는 것처럼 느껴질 수 있어요. 하지만 사실은 오랜, 또 많은 경험이 쌓여서 만들어진 빠른 생각의 프로세스가 바로 직관인 거예요. 그렇게 보면 직관적 생각도 경험에서 얻은 지식이 몸에 반사신경처럼 쌓인 거라 논리적 생각과 비슷한 뿌리라고 할 수도 있어요. 하지만 현실적으로는 다르게 느껴져요. 논리적 생각은 확실히 생각에 이르기까지 시간이 걸리지만, 직관적 생각은 빠르

보통은 이런 아이콘들이 직관적인 이미지라고 할 수 있지. 처음 봐도 뭔지 알 수 있어.

게, 바로, 느낌적으로 들거든요.

직관적 생각은 빠르고, 느낌에 따라 움직이며, 창의적이에요. 그래서 직관적 생각은 새로운 아이디어 상자를 여는 열쇠이고, 그리고 무엇보다 긴급한 상황에서 강력한 힘을 발휘해요. 길에서 자전거를 타다가 갑자기 앞에서 공이 굴러왔어요. 그럼 "피해야 해!" 하고 즉시 핸들을 꺾게 되지요. 공의 속도나 방향을 따질 시간 없이, 뇌가 팔과 다리에 움직이라는 신호를 보낸 거예요. 전에 비슷한 상황을 겪은 경험을 바탕으로 빠르게 반응했기 때문이지요. 이런 상황에서 '공을 피할까, 말까?'를 생각하고, '피하면 핸들을 어느 방향으로 몇 도로 꺾어야 할까?' 하고 천천히, 그리고 차근차근 생각하면 굉장히 위험한 일이 벌어지겠지요?

논리적 생각은 꼼꼼하고, 단계별로 문제를 분석하며, 정확한 답이나 계획이 필요한 상황에서 필요해요. 시간이 걸릴 수 있지만, 실수를 줄이고 문제를 깊이 이해하게 해 줘요. 친구들과 팀 과제로 과학 전시회에서 전시할 주제를 정한다고 생각해 보세요. "어떤 주제가 좋을까?" 하고 팀원들과 의견을 모으는데, "화산 폭발이 인기 있을 거야."라는 직관적인 생각이 떠올랐어요. 요란한 소리를 내며 불꽃이 펑펑 터지는 모습은 아이들의 흥미를 끄니까요. 하지만 곧바로 다른 친구들과 논리적으로 생각해 보았어요. '화산이 폭발하는 장면을 직접 표현하면, 실패할 가능성도 크고 일단 재료와 시간이 많이 들어. 한정된 시간과 비용에서 해결하려면 우리는 간단한 태양계 모형이 더 낫지 않을까?' 하고 생각을 모았지요. 이렇게 논리적 생각은 계획을 세우고 문제를 체계적으로 풀 때 작용해요.

정리하자면 직관적 생각은 빠르게 창의적인 아이디어를 내는 데 도움이 되고, 논리적 생각은 정확하고 체계적으로 문제를 해결하는 데 도움이 돼요. 그런데 이렇게 달라 보이는 직관적 생각과 논리적 생각은 보통은 함께 일을 해요. 직관과 논리는 서로 경쟁하는 게 아니라, 마치 두 명의 친구가 팀을 이루어 문제를 푸는 것처럼 협력하는 것이지요.

뇌 과학적으로 보면 직관은 뇌의 빠른 반응 시스템, 즉 편도체와 같은 부분에서 나오고, 논리적 생각은 전두엽 같이 천천히 분석하는 부분에서 나와요. 하지만 둘 다 우리를 더 똑똑하게 만들어 줘요. 직관으로 "이거 흥미롭겠다!" 하고 탐구를 시작한 뒤, 논리로 "이렇게 하면 더 다양한 지식을 전달할 수 있어." 하고 다듬어 가는 것이지요. 선생님이 쓰레기 분리수거함을 더 효과적으로 꾸미자고 제안을 했어요. 선생님 말을 듣자마자 '색깔 스티커를 붙이면 멋지겠어!'라는 직관적인 생각이 떠올랐어요. 그리고 '어떤 색이 눈에 띌까? 크기는 어느 정도로 하지?' 등 구체적인 내용을 논리적으로 따져 보았지요. 결국 노란색과 빨간색 스티커를 붙인 분리수거함이 만들어졌어요. 이렇게 직관은 빠른 아이디어를 주고, 논리는 그걸 완성해 준답니다.

3 생각할 때 문해력이 왜 필요할까?

　책을 읽거나 인터넷에 올라온 글을 보면서 '이게 무슨 뜻이지?' 하고 고민해 본 적 있나요? 문해력은 글을 읽고, 이해하고, 그 안의 정보를 바탕으로 생각하는 능력이에요. 마치 머릿속에 열쇠를 쥐고 보물 상자를 여는 것처럼, 문해력은 새로운 지식과 아이디어를 열어 줘요. 우리는 매일 책, 인터넷 게시물, 친구의 문자 메시지들을 읽으며 문해력을 사용해요.

　문해력은 기본적으로 적힌 글을 읽어 내는 능력이에요. 하지만 단순히 글을 읽고 이해할 수 있는 것은 독해력이라고 하지, 문해력이라고 하지 않아요. 문해력은 글을 읽고 쓸 수 있는 능력을 넘어, 글의 의미를 정확히 이해하고 그것을 바탕으로 생각하고 판단하며, 상황에 적절하게 활용할 수 있는 능력까지를 포함해요.

讀	解	文	解
읽을 독	풀 해	글월 문	풀 해

문해력을 통해 우리는 책을 읽고 그 안의 정보를 얻어요. 책은 지금 시대의 정보뿐 아니라 옛날 사람들이 깨달은 진리와 같은 것도 담고 있어서 효과적으로 정보를 전달하는 도구거든요. 글자로 써 있기 때문에 말로 전달하는 것보다 정확해요. 그런 도구를 제대로 활용할 수 있는 열쇠가 바로 문해력인 것이지요. 학교에서도 교과서를 통해서 기본적인 학습이 이루어지니까, 학습의 기본 능력도 문해력인 거예요. 또한 뉴스나 SNS에 올라온 글을 읽을 때도 문해력이 필요해요. 장난감이나 전자 제품의 설명서, 박물관에 있는 유물의 소개글, 그리고 회사에서 사용하는 보고서나 계약서도 글로 되어 있기 때문에 어린이는 물론 어른이 될수록 문해력이 더더욱 필요해요.

　문해력은 정보를 이해하고 비판적으로 생각하며, 그것을 바탕으로 새로운 지식을 만들어 내거나 소통할 수 있는 종합적인 인지 능력이에요. 그래서 문해력은 때로는 글에 확실히 적혀 있는 정보와 직접적으로 적혀 있지는 않지만 전체적인 글을 읽으면 충분히 미루어 짐작할 만한 내용까지 이해할 수 있게 도와주지요. 그러니까 문해력은 글의 표면적인 정보와 글쓴이의 의도와 감정까지 읽어 내는 능력이기도 해요. 예를 들어, 친구가 보낸 메시지에 "요즘 K-POP 춤, 재미있지 않아? 우리 학교에도 그런 동아리가 있다면서? 사람들 많으려나?"라고

써 있어요. 글자만 보자면 친구의 메시지는 춤 동아리의 존재 여부를 묻는 말인 것 같지만, 문해력을 발휘해 메시지를 읽는다면 '가 보고 싶은데, 사람이 많아서 조금 쑥스러워. 네가 같이 가 줄래?'라는 속뜻이 숨어 있는 것을 알아차릴 수 있지요. 그래서 이 메시지를 읽고 "그럼 그 동아리에 같이 가 볼까?" 하고 친구에게 제안할 수 있는 거예요.

우리가 생각을 할 때 문해력이 필요한 이유는 '글 속에 있는 정보를 찾아내 받아들이고 가공하는 능력'이기 때문이에요. 우리가 어떤 주제에 대해 깊이 있게 사고하거나 문제를 해결하려면, 먼저 그 주제에 대한 정보를 이해하고 해석해야 해요. 이 과정에서 문해력이 핵심적인 역할을 하는 거예요. 글이나 말 속에 담긴 뜻을 제대로 이해하지 못하면, 그 내용을 바탕으로 올바른 생각을 하기가 어려워요. 친구가 "오늘은 좀 덥지 않아? 공기도 답답하네."라고 말을 했는데, 그 뜻이 사실

은 "창문을 좀 열어 줘."라는 뜻이었어요. 그런데 이 속뜻을 모른다면, '그렇게 덥지 않은데 왜 덥다고 그러지 혹시 감기에 걸려서 열이 나는 거 아닌가?' 하고 잘못된 생각에 도달할 수 있다는 것이지요.

또한 문해력은 자신의 생각을 다듬고 표현하는 데에도 필수적이에요. 생각은 말이나 글로 표현될 때 구체화되고 발전하는데, 문해력이 부족하면 표현이 어색하거나 논리적인 연결이 부족해지거든요. 그러니 문해력이 부족한 사람은 자신의 생각을 다른 사람에게 전달하는 데에도 어려움을 겪을 수 있어요. 내가 생각한 걸 제대로 표현하지 못하니 상대방이 잘못 알아듣고 오해하게 되니까요.

이렇게 보면 문해력은 무언가를 정확하게 따지는 데에만 도움을 주는 것 같지만, 사실 상상력을 키워 창의적인 생각을 만들어 내는 데

더더욱 큰 도움을 주어요. 상상은 실제로 존재하지 않는 존재나 장소, 상황을 자신의 머릿속에 그려 보는 거잖아요. 만약 여러분이 모험 소설을 읽었어요. 소설 속 주인공이 '숲속에서 보물을 찾기 위해 지도를 해독했다.'는 내용을 읽었지요. 문해력이 좋으면 이 장면을 머릿속에 생생히 그리며 '나도 숲속에서 할 수 있는 재미있는 보물찾기 게임을 만들어 보면 어떨까?'라는 창의적인 생각을 떠올릴 수가 있을 거예요.

4 끝이 없는 생각의 나라, 상상력

상상에 대한 이야기가 나온 김에 생각의 최고봉이라고 할 수 있는 '상상력'에 대해 보다 자세하게 말해 볼게요. 지금까지의 생각은 기억이나 정보를 연결해서 하는 것이라면, 상상은 그야말로 생각만으로 펼쳐내는 거예요. 작년에 가족들과 갔던 여행지를 생각해 보세요. 그 생각에는 기억이 들어가요. 그런데 2100년의 미래를 상상해 보세요. 기억이 아니라 생각만으로 그릴 수밖에 없어요. 그래서 상상이 생각의 최고봉이라는 말을 쓴 거예요. 생각하는 힘이 최고로 발달하고 종합되어야 가능한 것이 상상이거든요.

상상력은 보이지 않는 것을 그
려 내고, 이전에는 없던 가능성
을 떠올리며, 현재의 틀을 넘어
서는 생각의 확장 능력이에요.
그래서 상상력은 생각의 경계를

넓혀 주어요. 우리가 어떤 문제를 마주할 때, 단순히 주어진 정보만으
로 사고하면 늘 익숙한 결론에 도달하게 돼요. 하지만 상상력은 "만약
에?"라는 질문을 던지게 하며, 다양한 관점, 새로운 조합, 미래의 가능

성을 떠올리게 하지요. 이로 인해 생각은 더 깊어지고, 더 넓어지며, 고정관념에서 벗어나게 되는 거예요.

사람은 하늘을 날 수 없다는 당연한 진실을 그대로 받아들였다면 사람은 영원히 하늘을 날 수 없었을 거예요. 그런데 '만약에 새의 날개 같은 것을 사람에게 달아 본다면?', '만약에 프로펠러로 바람을 밀어 낸다면?' 같은 상상을 한 사람이 있었던 거예요. 그리고 그 사람들은 여러 차례 실패하면서도 다양한 방법으로 실험을 해 보았고, 그 결과 헬리콥터와 비행기를 만들어 낸 것이에요. 앞으로 어떤 탈 것들이 또 나올까요? 그것은 지금 우리가 무엇을 상상하느냐에 달려 있어요. 지금까지 인류는 상상을 실제로 구현하는 식으로 발전을 거듭해 왔으니까요.

그리고 상상력은 형체가 없는 내용을 이해하게 만들어 주는 중요한 생각의 도구예요. 형체가 없는 내용이라는 것은 개념 같은 것들이지요. 정의, 자유 같은 개념은 하늘, 구름, 강아지 같은 대상들과 달리 눈으로 볼 수 없고, 손으로 잡을 수 없어요. 이런 것을 '추상적*'이라고 하는데, 상상력은 이 추상적인 것들에 자기만의 형체를 부여할 수 있어요. 옛날 사람들은 '정의'를 여신상으로 표현했어요. 눈가리개를 한

* **추상적** 어떤 사물을 직접 경험할 수 있는 일정한 형태와 성질이 갖추어 있지 않은 것.

여신이 한 손에는 저울을 들고 다른 손에는 칼을 들고 있는 모습이지요. 저울은 공평한 심판을 의미하고, 칼은 과감한 처벌을 의미해요. 눈가리개를 한 것은 누구에게나 공정하게 평가하겠다는 뜻이에요. 이런 여신이 실제로 존재하는 것도, 누군가가 만난 것도 아니에요. 상상을

▲생각을 다양한 방향으로 뻗어나가게 하는 마인드 맵

통해 정의라는 추상적인 개념을 여신상이라는 구체적인 형체로 만든 것이랍니다.

상상력은 타고난 능력처럼 보이지만, 사실은 이 또한 보고, 듣고, 느끼고, 겪은 모든 경험을 통해 만들어지고 자라나는 정신적 능력이에요. 어릴수록 상상력이 풍부한 것은 매일 새로운 자극과 경험을 접하기 때문이에요. 반면 매일 똑같은 생활을 반복하는 사람일수록 상상력의 힘이 약해지기 쉬워요. 그리고 상상력은 기존의 정보를 새롭게 연결하고 조합하는 능력이에요. 머릿속에 저장된 기억들, 예를 들면 옛날에 읽은 동화책, 실제 겪은 사건, 직접 본 영화나 그림 등이 서로 섞이면서 전혀 다른 장면이나 물건이 탄생하는 것이지요. 이를 '창의적 연결'이라고 부르는데, 이것이 상상력이 만들어지는 방법이에요.

상상력을 자극하기 위해서는 평소에 호기심을 가지고 질문하고, 여러 방법을 통해서 생각의 연습을 해 보는 것이 필요해요. 상상력은 환경과 사고의 방식에 따라 충분히 개발될 수 있는 능력이거든요.

일본에서 가장 성공한 한국인의 비밀

일본에 있는 가장 부유한 사람 중에는 한국인이 있어요. 정확하게는 한국계 일본인이지요. 어릴 때는 한국 국적이었다가 사업을 위해 일본 국적을 취득해야 했거든요. 하지만 스스로 한국의 밀양 손씨라고 하며 한국인의 정체성을 가지고 있어요. 바로 소프트뱅크의 손정의 회장이에요. 손정의 회장은 <포부스(Fobus)> 라는 세계적인 경제 잡지에서 '2025년 리더 분야에서 가장 영향력 있는 100인'으로 선정될 정도로 세계에서 활약하는 인물이지요.

지금은 이렇게 세계적인 인물이 되었지만, 어릴 때의 손정의 회장은 일본에서 한국인이라 차별을 받았다고 해요. 그리고 16살 때 미국으로 건너가 UC버클리(University of California, Berkeley)에 진학을 했는데, 영어도 잘 못하고 친구도 많지 않아서 어려움을 겪었다고 해요. 하지만 오히려 혼자 있는 시간에 사업 아이디어를 구상했는데, 그 방법이 아주 독특했어요. 카드를 250장 만들어 각각의 카드에 서로 다른 단어를 적은 후, 매일 그 카드 중 3장을 뽑아 나온 단어를 활용해 사업 아이디어를 구상하는 방법이었지요.

그러다가 어느 날 '사전, 전자기기, 휴대용'이란 단어가 뽑혔어요. 그

단어를 보고 손정의 회장은 '휴대용 전자사전'을 생각하게 되었어요.
1970년대 말이니까 지금처럼 인터넷이나 스마트폰이 없어서 두꺼운 사
전을 찾아가며 번역을 해야 할 때였거든요. 손정의 회장은 이 아이디어
를 다듬어 일본의 전자 회사에 제안서를 내요. 그 회사는 이 아이디어를
지금 가치로는 약 100만 달러 정도에 구매하게 되지요. 이 자금으로 손
정의 회장은 스스로 소프트웨어를 개발하는 사업을 시작했고, 지금은
전 세계에 인터넷 관련한 800개 자회사를 차릴 정도로 부와 지위를 일
구어 낸 거예요. 정말 '생각'만으로, 처음 시작하는 돈을 번 거지요.

손정의 회장의 방법은 창의성을 연습하는 방법 중에 제법 유명한 방
법이에요. 서로 관련 없어 보이는 단어를 연결해서 새로운 제품에 대한
아이디어를 내는 거거든요. 가위와 색종이, 불과 고기, 이런 식의 단어

조합은 두 단어를 합쳐진 모습을 상상하기 쉬워요. 하지만 연필과 새, 책과 참기름처럼 연관성을 찾기 어려운 단어는 조합하기 어려우니까요. 손정의 회장은 단어를 연결해서 나올 만한 제품을 생각해 본 건데, 전자사전이란 아이디어가 나오기까지 1년 정도 시간이 걸렸다고 해요. 첫 번째로 카드를 뽑자마자 전자사전을 만든 게 아니라, 이런 상상력 훈련을 오래, 또 꾸준히 한 결과 결국 엄청난 제품을 만들 수 있게 된 거예요.

자신이 창의력이 부족하고, 상상력이 많은 편이 아니라고 해도, 이렇게 연습하고 반복해서 시도하면 그 힘을 늘릴 수 있어요. 그 결과 세계적인 부자가 될 수도 있고요. 그것을 손정의 회장이 직접 증명해 준 것이랍니다.

제4장

디지털 시대와 사람의 생각

예전에는 간단한 계산을 해 주는 계산기에도 놀라워 했지만
요즘은 집집마다 스마트 기기를 가지고 있고,
그 기술은 지금도, 빠르게 발전하고 있어요.
그런 시대를 살아가면서 우리가 놓치지 말아야 할 게 있어요.
바로 사람이 스스로 해야 하는 '생각'이랍니다.

1 생각을 빼앗는 SNS와 숏폼

"하교 후 집에 와서, 친구에게 숙제에 대해 물어보려 스마트폰을 들었습니다. 친구가 전화를 받지 않아 메시지를 보냈고, 답장이 오면 확인하려고 잠깐 기다렸어요. 정말로 메시지만 확인하고 바로 숙제를 할 생각이었거든요. 그런데 정신을 차려 보니 어느새 날이 저물어 있더라고요. 시계를 보니 2시간이 흘렀습니다. 친구에게 메시지를 보내고 답장을 기다리다가, 하필이면 요즘 관심 있는 춤이 숏폼에 올라온 것을 보았거든요. 그것만 확인하려고 했는데…… 어느새 비슷한 다른 영상으로 이어지고 또 이어지게 된 거예요. 스마트폰이 제 생각을 읽은 것처럼, 정말 제가 딱 좋아하는 내용의 영상을 줄줄이, 끊어지지 않게 보여 주는 것 같았어요. 너무 신기하기도 하고, 한편으로는 이런 생각도 읽으려나? 하고 겁도 나요."

이런 경험, 한 번쯤은 누구나 있지요? SNS나 숏폼 영상들은 재미가 있어서 정신을 못 차리게 해요. 눈 깜짝할 새에 새로운 춤이나 웃긴 장면들을 보여 주니까요. 긴 영상은 시간이 오래 걸린다고 느껴 짧은 영상을 보게 되지만, 지나고 보면 짧은 영상 몇백 개를 보는 데 오히려 긴 영상 하나보다 더 많은 시간을 쓰게 돼요. 그렇다고 딱히 기억에 남

는 내용도 없을 것이고요. 이 짧은 영상들은 우리의 시간 말고도 다른 것도 빼앗고 있어요. 과연 무엇일까요?

　일단 SNS와 숏폼 영상은 너무 빠르게 바뀌어서 관찰력을 흐리게 만들어요. 관찰력을 발휘하려면 기본적으로 무언가를 깊게, 그리고 오래 보아야 해요. 학교 숙제로 나무를 관찰하고 그림을 그려야 한다면, 실제로 길에 있는 나무를 보면서 나무의 전체적인 형태와 높이, 또 줄기의 굵기와 무늬, 나무의 잎사귀 색깔이나 모양을 자세히 보고, 그림을 그릴 때는 어떻게 해야겠다는 생각을 해야 해요. 하지만 숏폼의 빠른 속도에 익숙해진 사람들은 한 가지를 오래도록 들여다보고 기억하는 일을 잘 못하게 돼요. 그래서 결국 나무를 대충 보고 "노란색이 네." 하고 그림을 그리는 거지요.

또한 이런 영상들은 우리의 집중력을 빼앗아 가요. 한 가지에 몰입하고 깊게 생각하게 만드는 힘이 집중력인데, 기본적으로 SNS나 숏폼은 그 길이가 짧거든요. 길게 보고 몰두할 만한 소재나 주제가 없어요. 가볍게 웃어넘기거나 간단한 정보를 주고, 패션이나 음악, 춤 등 유행을 알려 주니까요. 그래서 요즘은 동영상을 제작할 때 10분짜리 영상 중 가장 자극적인 부분을 30초 내외로 잘라내요. 10분 내내 동영상에 집중하질 않으니, 핵심 내용 30초만이라도 보게 하는 것이지요. 그만큼 사람들의 집중력이 약해졌다는 뜻이에요.

과학자들은 짧은 영상을 계속 보면 뇌가 빠른 자극에 익숙해져서 점점 생각하는 걸 어려워한다고 해요. 이런 자극을 받으면 뇌는 도파민(dopamine)이라는 물질을 분비해서 우리에게 즐거움을 주어요. 도파민은 우리 몸의 중추 신경계*에서 분비되는 신경 전달 물질의 일종으로, 감정, 수면, 집중, 기억, 학습 등에 관여해요. 우리가 목표를 달성했을 때나 맛있는 음식을 먹고, 재미있는 게임을 할 때 기분이 좋아지는 이유가 바로 이 도파민 때문이에요. 적절히 분비되면 의욕적인 태도

*중추 신경계 신경 세포가 모여 있어 신체 각 부분의 기능을 통솔하고 자극을 전달하는 부분.

를 유도해요. 하지만 도파민은 계속해서 자극을 요구해요. 그런데 빠른 자극에 익숙해지면 점점 더 빠르고 과장된 자극이 들어와야 도파민이 나온다는 거예요. 그러다 보니 도파민 중독 상태에 이르게 돼요. 스마트폰을 손에 들지 않으면, 또 배터리 잔량이 점점 떨어지면 불안하고 슬퍼지는 상태까지 가게 되는 것이지요. 이쯤 되면 우리 뇌는 집중하고 생각하는 힘을 굉장히 잃었다는 뜻이에요. 숏폼 영상은 매일 몇 시간씩 보면서 책을 읽는 것은 1시간도 너무 지루해서 못 견디게 되는 거예요. 나중에는 책을 한 줄도 읽을 수 없는 상태가 되어 버리기도 해요.

그렇다고 SNS와 숏폼이 나쁘기만 한 건 아니에요. 똑똑하게 사용하면 생각을 도울 수도 있어요. 여러분이 과학 수행 평가로 해양 생태계를 조사해 발표한다고 해 볼게요. 숏폼에서 해양 생물들을 찾아보며 "아! 이렇게 생겼구나." 하고 바로 바로 깨달을 수 있어요. 그렇게 다양한 해양 생물을 보다가 바다의 잔디라는 '잘피'에 대한 영상을 보았어요. 이 잘피는 물고기의 먹이가 되는 데다가, 지구 산소의 70%를 생산한다는 중요하다는 정보를 얻었지요. 여기에 흥미가 생겨서 도서관에서 관련 책을 찾아보고, 인터넷으로 검색하며 자세하게 공부한 뒤에 멋진 발표를 했어요. 이렇게 자신이 적절하게 활용하면 SNS는 빠

른 아이디어를 얻을 수 있는 훌륭한 방법이 될 수 있어요.

　요즘은 지금 이 시대를 주도하는 생각이나 유행, 사람들이 좋아하고 많이 하는 행동들을 무시하며 살기 힘들어요. 그러니 우리의 생각을 지키고 키우려면, SNS를 잠시 멈추고 깊이 생각하는 시간을 갖는 건 어떨까요? 여러분의 머릿속에는 SNS에서 흔하게 보는 생각이 아닌, 여러분만이 할 수 있는 아주 멋진 생각이 뛰어놀게 될 거예요. 언젠간 그 생각의 결실을 만나볼 수 있겠지요? 정말 기대돼요!

2 알고리즘이 생각을 잃어버리게 한다고?

인터넷에 자신이 원하는 정보를 검색하면 관련 내용이 금세 나와요. 사전적인 지식은 물론이고, 내일의 운세, 요즘 유행하는 신발, 기온 10℃에 입을 옷 스타일까지요. 그 다음은 어떻게 될까요? 인터넷, SNS 등 다양한 플랫폼에, 내가 방금 전에 검색했던 정보들이 나와요. 특히 추천 영상이나 해당 제품을 판매하는 광고성 글이 많이 나오지요. 그런 걸 '알고리즘(Algorithm)'이라고 해요. 알고리즘은 원래 문제를 해결하기 위한 순서나 방법을 말해요. 쉽게 말해, 무엇을 먼저 하고 그 다음에는 무엇을 할지 순서를 정해 놓아 문제를 해결하는 방법이에요. 요리 레시피처럼요.

알고리즘을 제대로 활용하면 매우 편리해요. 내가 원하는 정보를 계속해서 제공해 주니까요. 하지만 이는 우리가 다른 생각을 할 기회를 줄이기도 해요. 다양한 면에서 생각해 보아야 보다 깊고 넓은 이해에 다다를 수 있는데, 알고리즘은 생각의 경계선을 정해 주거든요.

다양한 음식을 직접 먹기 위해 뷔페에 갔어요. 원래 뷔페는 자기가 원하는 것을 직접 가져다 먹는 곳인데, 알고리즘은 그중에 자신이 좋아하는 음식만 가져다주는 서비스라 할 수 있어요. 김밥을 먹었으면

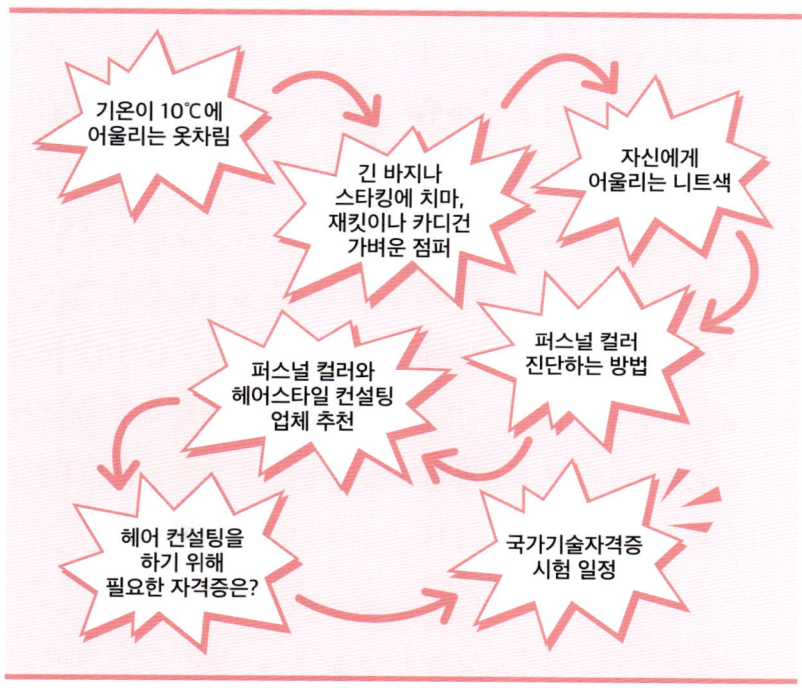

기온이 10℃에
어울리는 옷차림

긴 바지나
스타킹에 치마,
재킷이나 카디건
가벼운 점퍼

자신에게
어울리는 니트색

퍼스널 컬러와
헤어스타일 컨설팅
업체 추천

퍼스널 컬러
진단하는 방법

헤어 컨설팅을
하기 위해
필요한 자격증은?

국가기술자격증
시험 일정

▲생각이 확장되면 더 많은 정보를 필요로 합니다.

'김밥을 좋아하나 보네.'라고 생각해 여러 종류의 김밥만 계속해서 가져다주는 거예요. 직접 식당을 돌아다니면 김밥, 우동, 스파게티, 피자, 초밥, 갈비, 국, 죽 등 다양한 음식을 먹을 수 있는데도 김밥만 먹게 되거든요. 알고리즘 서비스를 이용하면 다양한 음식을 맛볼 수 있는 기회를 잃게 돼요. 또 다른 예를 들어 볼게요. 요즘 집에서도 많이 보고 있는 OTT 서비스(over-the-top media service)는 시청자에게 직접 동영상 콘텐츠를 제공해요. 그 안에는 매우 다양한 장르의 영화와 애니메이션, 드라마가 있지요. 하지만 굉장히 잘 만들어진 다큐멘터리도 많아요. 그런데 다큐멘터리를 좋아하는 사람이 많지는 않으니 메인 화면 상단에 떠 있지 않아요. 대부분의 사람들은 요즘 유행하는 드라마나 상을 받은 영화를 주로 보거든요. 아니면 재미있다고 입소문이 난 콘텐츠를 보거나요. 그럼 다큐멘터리를 알고리즘에서 추천하지 않으니 자신이 보는 메인 화면에 다큐멘터리가 뜨지 않지요. 그럼 시청자 입장에서는 다큐멘터리가 없다고 생각하게 돼요. 반대로 다큐멘터리를 검색해서 몇 편을 보면 어떻게 될까요? 한동안 다양한 주제의 다큐멘터리를 계속해서 추천하는 화면을 보게 될 거예요.

알고리즘은 깊은 생각을 방해하기도 해요. 하나의 사건에 대해 그 다음은 어떻게 되지는 스스로 생각하고, 그런 과정에서 생각의 꼬리를 물어 자신의 결론에 도달해야 하는데, 알고리즘은 이런 과정 자체를 알아서 제공을 해 주어요. 나무늘보의 생태가 궁금해서 나무늘보를 검색하면 나무늘보에 대한 거의 모든 정보가 알고리즘을 타고 쏟아져요. 그러니 나무늘보는 왜 행동이 느리지? 그런데 아직 멸종되지 않는 이유는 뭘까? 팔이 너무 길면 불편하지 않을까? 등 나무늘보에 대해서 스스로 깊게 생각하기 보다는, 알고리즘이 주는 정보들을 보면서 받아들이기만 하는 것이지요.

깊은 생각은 마치 나무를 키우는 것처럼 시간이 필요해요. 하지만 알고리즘은 우리를 빠른 길로만 이끌어요. 알고리즘은 빠른 답을 주지만 천천히 생각하며 이해하는 과정을 건너뛰게 만들 수도 있다는 뜻이에요.

무엇보다 알고리즘은 때로 편향된 생각을 만들어요. 여러분이 '최고의 취미'를 검색했어요. 그랬더니 알고리즘이 이 사람은 평소에 게임 영상을 많이 봤다고 판단해 "게임이 최고야!"라는 글만 보여 줬지요. 그러면 이 사람은 거의 모든 사람이 게임을 좋아한다고 잘못 생각하게 될 수 있어요. 그러다 현실에서 누군가가 "최고의 취미는 춤이야"라고 하면, 그 사람을 이해하지 못하게 돼요. 알고리즘 때문에 세상 대부분의 사람은 최고의 취미를 게임으로 여긴다고 생각하게 되었거든요. 그래서 다른 취미가 최고라는 걸 받아들이기 어려울 수 있어요. 최고의 취미를 춤이라고 말했던 사람도 그 사람의 SNS에는 모두 춤을 취미로 가진 사람만 존재해요. 이 사람은 춤이 최고의 취미인 세계에 살고 있는 것이지요. 알고리즘이 이 사람이 접하는 모든 콘텐츠에 '춤'이 가득하도록 만들었으니까요. 이런 일이 많아지면 어떨까요? 예전부터 사람들은 다양한 생각을 서로 교류하며 세상을 더 좋은 방향으로 발전시켜 왔는데, 앞으로는 한 가지 생각으로 모인 집단끼리만 생각을 나누게 될 거예요. 이런 걸 한쪽으로 치우쳐 마음과 생각이 좁아진 생각, 즉 편협한 생각이라고 하지요.

알고리즘은 자신의 취향과 생각이 맞는 것만 보여 주기 때문에, 같은 세상에 살고 있는 사람들을 서로 다른 세상에 살게 할 수 있어요. 어른들이 보는 콘텐츠와 어린이가 보는 콘텐츠는 다르잖아요. 그래서 어린이들 사이에서 유명한 크리에이터를 어른들은 잘 모를 수 있어요. 반면에 어른들이 좋아하는 가수의 노래를 여러분은 잘 모르는 경우도 많지요. 그렇게 세대와 성별, 나라에 따라 생각의 차이가 생기는 것이랍니다.

그렇다면 알고리즘을 똑똑하게 활용하려면 어떻게 해야 할까요? 먼저 알고리즘에 의해 정보를 접한 뒤, 다양한 책을 읽거나 좋아하는 것

이 서로 다른 친구와 이야기를 하며 생각을 넓혀 보세요. 알고리즘의 추천 대신 친구와의 대화를 통해 과학 잡지를 알게 되었고, 결국 평소 내가 관심을 두지 않았던 우주 탐사에 푹 빠지게 될 수도 있어요. 알고리즘은 내 생각을 기가 막히게 알아채는 마법사겠지만, 우리는 마법에 당하는 대상이 아니라 마법을 부리는 주인공이 되어야 한다는 걸 명심하세요.

3 디지털 시대에 오히려 경쟁력이 되는 생각

스마트폰으로 게임을 하거나, AI 챗봇에게 "오늘 날씨 어때?" 하고 물어본 적 있지요? 디지털 시대는 스마트폰, 컴퓨터, AI가 우리 삶을 편리하게 만들어 줄 거예요. 하지만 이런 디지털 도구들이 모든 걸 다 해 줄 것 같아도, 사람의 생각은 여전히 큰 힘을 가지고 있고, 필요한 곳이 많아요. 창의력, 공감, 비판적 사고 같은 생각은 디지털 시대에서 오히려 더 빛나는 경쟁력이에요. 컴퓨터의 버튼 하나만 눌러 기획안이 나온다면, 그 버튼을 누르는 사람이라면 누구나 똑같은 기획안을 받을 테니까요. 그런 기획안은 큰 가치가 없어요. 여기에 자신의 생각을 더해서 남들과는 다른 기획안을 만든다면 어떨까요? 그럼 나의 기획안이 선택될 확률이 매우 높아질 거고, 내가 다른 사람보다 한 발 더 앞서 나가게 되겠지요.

이렇듯 디지털 도구는 빠르고 편리하지만 창의적인 생각은 사람만 할 수 있어요. AI는 기본적으로 존재하는 정보를 바탕으로 가장 평균적이고 일반적인 정보를 생성해요. 그러니 창의적인 방법을 답하라고 명령해도, 그다지 창의적이지 않은 대답이 나와요. 처음부터 일반적이고 평균의 대답을 목표로 만들어졌으니까요.

비판적 사고도 디지털 시대에 사람을 빛나게 하는 생각이에요. 비판적 사고는 얼핏 부정적인 생각이라고 오해하기 쉬워요. 하지만 부정적인 사고가 아니라 '과연 그런가?' 한 번 더 생각하고 깊게 이해하기 위한 생각이에요. 예를 들어 가족 외식을 하기로 한 날, 포털 사이트에 우리 동네 맛집을 검색해 보았어요. 그랬더니 어떤 식당을 추천해 주었는데, '우리 가족이 좋아할 음식일까? 가격은 적당할까? 집에서 멀진 않을까?'라고 한 번 더 살펴보는 것이 비판적 사고예요. 부정적 사고는 '에이, 음식 사진을 보니 여긴 맛없을 거 같아.'라고 무조건 나쁘게만 생각하는 것이지요. 그런데 그렇게 제대로 살펴보지도 않고 맛이 없을 거라 생각한다면, 굳이 검색을 할 필요도 없을 거예요.

비판적 사고를 통해 추천해 준 식당을 꼼꼼히 점검해 볼게요. 일단 포털 사이트의 추천은 참고로 하되, 리뷰를 더 살펴보았어요. 그랬더니 '숨은 맛집', '정말 맛있어요.', '너무 친절하고 매장이 깨끗해요.'와 같은 리뷰가 많았어요. 그러면 맛집일 확률이 높아요. 반면에 '맛없음', '맛은 괜찮은데 주차도 힘들고 불친절함'과 같은 리뷰가 많다면, 다른 집을 검색해 보아야겠지요.

AI가 만들어 준 결과물을 그대로 활용하기 보다는 '과연 그런가? 조금 더 나은 방법은 없을까?'라고 비판적 사고를 적용해 보면, 누구나 만들 수 있는 것보다 한 단계 나은 결과물을 만들어 낼 수 있어요. 디지털 세상은 정보가 넘치지만 평범한 정보에 색다른 생각을 더하는 건 사람의 몫이랍니다.

그리고 공감은 디지털 기구가 절대 따라 할 수 없는 힘이에요. AI 나 로봇은 방대한 데이터를 분석한 후 논리적인 판단을 하는 건 잘하지만, 타인의 감정을 헤아릴 수는 없어요. 그런데 사람은 상대방의 말투와 표정, 당시의 상황까지 고려해 상대의 감정을 민감하게 파악하고 그 감정에 공감할 수 있거든요. 따라서 공감하는 능력은 기계가 대체할 수 없는 '인간다움'의 핵심이에요.

현대 사회는 혼자 일하는 게 아니라 여럿이 함께 일해 결과를 내는 경우가 많아요. 학교에서도 여럿이 모여 이런저런 활동을 해요. 그런데 이렇게 팀 활동을 할 때는 정보 교환도 중요하지만, 상대방의 감정과 입장을 이해하고 배려하는 태도도 매우 중요해요. 그리고 그 과정에서 리더십과 협동심이 나오고요. 공감하는 리더는 신뢰와 소통을 이끌고, 조직원들은 더 강한 팀워크를 만들어 내요. 그러니 디지털 시대일수록 타인의 감정을 파악하는 힘은 더욱더 빛이 나는, 사람만의 능력이겠지요?

그렇기 때문에 생각하는 능력은 미래의 직업에서 중요한 경쟁력이 돼요. 아무 생각 없이 버튼을 누르고, 지시받은 것을 그대로 수행하는 정도의 일은 기계에 의해 전부 대체될 수 있어요. 잠을 자거나 쉬지 않아도 되고, 복잡한 계산도 실수하지 않는 기계 대신 굳이 사람이 할 필요가 없거든요. 따라서 미래의 직업은 반드시 사람이 아니면 할 수 없는 일이어야 해요. 단순하고 반복적인 작업이거나 한정된 숫자를 정리하거나, 정해진 서류를 만들고 사용 설명서를 그대로 수행하면 되는 그런 일들은 사람이 아닌 기계가 대신하게 될거예요. 앞으로는 사람의 생각이 필요한 일이어야 사람의 직업이 될 수 있다는 거예요.

숫자만 정리하면 되는 회계는 AI가 더 잘해요. 인간은 회계에 대한 '기획'을 해야 해요. '이 숫자를 어떻게 나열해야 보는 사람이 파악하기 쉬울까? 좀 더 단순하게 표시할 수 있는 방법이 없을까?' 하는 기획이 필요하다는 뜻이지요. 즉 비판적 사고가 접목이 되어야 사람의 역할이 생긴답니다.

또한 아픈 환자의 상태를 단순히 확인해야 한다면 기계가 하는 게 정확해요. 하지만 간호를 하면서 아픈 사람의 말동무가 되어 주려면 공감적 사고를 가진 '사람'이 필요해요. 환자는 의학적인 치료와 약은 물론 정서적으로 위로와 응원을 받고, 병을 이겨 낼 수 있다는 의지가 생겨야 몸이 좋아질 확률 또한 높아지거든요.

게임 개발자가 AI로 대체된다는 이야기는 많이 들려오긴 하지만, 아직까지는 AI로만 개발하는 게임은 평범하고 예상 가능한 흐름이라 재미가 없어요. 그러니 게임을 예측할 수 없는 방향으로 이끄는 창의적 생각이 사람의 머리에서 나오고, 그것을 구현하는 데 AI가 활용되어야 해요. 이렇게 되면 창의적인 생각을 하는 사람이 이 게임의 경쟁력이 되는 거예요.

AI가 따라 할 수 없는, 사람만의 감성과 아이디어가 담긴 생각이 미래 시대에 직업 경쟁력을 가질 수 있는 중요한 능력이 돼요. 디지털 도구는 마이크예요. 우리의 말을 더 크게 들리게 만드는 도구지만 애초에 우리의 말이 없다면 마이크도 필요가 없어져요. 그저 예쁘게 생긴 망치나 장식품이 되겠지요. 마이크에 대고 우리가 하는 말이 바로 생각이기 때문이에요. 그만큼 생각은 디지털 시대, 미래 시대의 핵심적인 차별점이 될 거예요.

4 미래에는 AI가 인간 대신 생각해 주지 않을까?

AI, 즉 인공 지능 기기를 사용해 본 친구들이 많을 거예요. AI는 빠르게 정보를 찾아 주고, 어려운 계산도 척척 해 줘요. 사실 숙제도 은근슬쩍 맡기는 친구들도 있을 거예요. 그렇다 보니 AI는 점점 더 똑똑해지고 있고, '미래엔 AI가 우리 대신 생각까지 해 줄까?'라는 생각이 들기도 해요.

AI는 정보를 모으고 정리하는 데에는 최고예요. 사람보다 빠르고 정확하지요. 하지만 사람은 상황을 이해하고, 옳거나 더 나은 결정을 내리고, 행동으로 옮기는 특별한 힘이 있어요. 이건 아무리 AI가 발전된다 하더라도 따라 할 수 없을 거예요. 사람의 생각만으로 일을 하면, AI에 비해 속도나 양에서 불리해요. AI가 일을 처리하는 과정을 생각이라 한다면, 다양한 생각, 이미 있는 정보가 바탕이 되는 생각들은 매우 잘하거든요. 하지만 AI의 생각을 그대로 따라가는 것은 그리 좋은 선택이 아니에요. AI는 독창성이나 공감 능력이 없기 때문에 경쟁력 있는 생각을 할 수가 없으니까요. 그래서 AI에게 작업의 모든 과정을 완전히 맡기는 것보다 AI와 사람이 협력하면 더 멋진 아이디어를 내고 효율적으로 작업을 진행해 그에 따른 멋진 결과를 만들 수 있어요.

AI는 빠르게 정보를 모으고 정리하지만, 사람은 상황을 이해하고 선택해요. 예를 들어 볼게요. 피아노 학원에 다니기로 했는데, 시간이 맞지 않아 저녁 무렵에 가야 했어요. 피아노 학원까지 어떤 길로 가는 게 제일 효과적일까 고민하다가 AI에게 물어보았지요. 그랬더니 AI는 지도를 분석한 뒤, 총 다섯 가지 길이 있는데 길이가 제일 짧은 세 번째 길을 추천해 줬어요. 하지만 그 길은 어둑어둑하고 사람도 잘 다니지 않는 길이라 평소에도 혼자 다니지 않는 길이었어요. 그래서 그 다음으로 거리가 짧다고 분석해 준 다섯 번째 길로 다니기로 했어요. 게다가 다섯 번째 길 중간에는 마당이 꽃으로 가득한 집이 있는데, 그 길을 지나면 좋은 냄새를 맡을 수도 있어 기분이 좋아지는 길이기도 하거든요. AI는 데이터를 주지만 현실적인 상황을 고려한 건 사람의 생각이었어요. 이건 서로 잘하는 분야가 다르기 때문이에요.

그리고 AI는 패턴을 분석하지만, 사람은 옳은 결정을 내려요. 카페를 운영하면서 사장님이 '이익을 내려면 어떻게 해야 해?' 하고 AI에게 물어보았는데, AI가 추천한 것은 음료의 양을 줄이고, 얼음을 조금 더 넣으라는 것이었어요. 재료를 줄여서 이익을 내는 방법이었지요. 하지만 카페 사장님은 이 방법을 선택하지 않았어요. 손님을 속이는 것 같은 생각에서요. 음료의 맛과 양이 변하면 손님은 금방 알아챌 것이고, 단골손님도 놓칠 것이라는 현실적인 생각을 한 거예요. 그리고 손님

을 속이는 것 같아 양심에 가책을 느꼈기 때문이에요. AI는 가장 논리적인 생각을 할 수는 있지만, 그 생각이 반드시 윤리적인 것은 아니에요. AI가 목적 지향적인 결정을 하느라 고려하지 못하는 윤리를 사람은 생각할 수 있는 것이지요. 물론 AI가 무조건, 또 항상 비윤리적인 의견을 내놓는 것은 아니에요. AI는 이익을 내는 방법을 묻는 사람의 질문에 가장 쉽게 접근할 수 있는 방법을 답한 것이니까요. AI는 재료비를 줄여 이익을 늘리는 게 목적이거든요. 우리가 말하는 '양심에 걸려서'라고 하는 것은 도덕적으로나 법적으로 문제가 되는 것이 아니지만, 어딘가 떳떳하지 못하고 바른 행동이 아닌 것 같은 찜찜한 기분이 든다는 것이에요. AI는 이런 애매한 기준의 결정을 이해할 수 없다는 것이지요.

사람은 AI의 능력을 이용할 필요가 있어요. 때로는 일의 한 부분을 AI에게 완전히 맡길 정도로 신뢰할 수 있는 부분도 있어요. 자료를 정리하고 분석하는 등의 반복적인 작업은 AI가 인간보다 훨씬 빠르게, 그리고 훨씬 정확하게 처리해요. 그리고 사람은 AI가 정리해 주는 기초 자료나 여러 가지 선택지를 바탕으로 종합적인 생각을 해 결과물을 만들면 되는 거예요. 수천 장의 환자의 신체 사진을 AI가 빠르게 보고 분석해 병의 위험도를 예측할 수 있어요. 그리고 여러 가지 치료 방법을 추천해요. 사람은 AI가 제시한 기초 자료에 환자의 상황, 지금까지 걸렸던 질병과 생활 습관 등을 고려해 최종적으로 치료 방법을 판단할 수 있지요. 그리고 환자와 소통하고 정서적으로 공감도 하고요. 이렇게 되면 AI의 빠르고 정확한 분석에 의사의 통합적 판단과 공감 능력이 합쳐져 더 정확하고 또 인간적인 의료 서비스가 가능해지는 것이랍니다.

이렇게 AI와 사람의 뇌는 다르게 작동해요. 하지만 꼭 둘 중 하나를 선택하기 보다는 장점이 다르고, 방향의 다른 이 두 생각을 잘 종합하는 것이 바람직해요. 두 사고가 협력하면 속도와 정확성은 AI가, 의미와 방향성은 사람이 제공하는 최고의 팀워크가 가능해지니까요.

집중력과 대중음악의 관계

요즘 음악들은 공통점이 있어요. 전주가 거의 없다는 거예요. 예전에는 40초, 1분 정도의 전주가 있는 음악도 많았어요. 그래서 음악의 길이가 4분, 5분 정도였지요. 하지만 요즘은 전주가 없다 보니 곡이 전체적으로 짧아져 3분 안에 끝나는 경우도 있어요. 이렇게 요즘 음악들의 전주가 짧아진 이유가 뭘까요?

그 이유를 요즘 현대인들이, 특히 학생들이 집중력이 짧아졌기 때문이라고 생각해요. 전주를 집중해서 들을 인내력이 부족하니 빠르게 가수들의 목소리를 들려주어야 하고, 그래서 음악에 전주가 없어진 거라 생각하거든요. 그럴 수도 있지만 사실 진실은 그 반대에 가까워요.

즉 전주가 짧아졌기 때문에, 이런 음악을 계속 듣고 자란 학생들의 인내심이 짧아진 거예요. 전주가 긴 음악을 많이 듣지 못했기 때문에 전주를 들을 만큼의 인내심이 없으니까요. 그러니까 학생들의 집중력이 떨어진 것은 원인이 아니라 결과라는 거예요.

그러면 전주가 짧아진 진짜 원인은 무엇일까요? 그것은 기술의 발전 때문이에요. 예전에는 실물로 된 카세트 테이프나 CD로 된 앨범을 사거나, 한 곡 한 곡 돈을 내고 파일을 다운받아 음악을 들었어요. 하지만 요

즘은 스트리밍으로 음악을 들으니까, 음악의 부분 부분을 건너뛰는 과정이 너무 쉬워졌어요. 구매한 앨범이나 다운받을 때는 음악의 곡 수가 한정되어 있었지만, 스트리밍은 버튼만 누르면 몇만 곡이 무한정으로 나오거든요. 앞부분 몇 초만 듣고 마음에 들지 않으면 다음 곡을 들을 수 있어요.

그리고 음악 파일을 구입할 때 제공하는 30초 미리듣기도 영향을 끼쳐요. 무제한이 아니고 결제를 해야 되는 것이면 플랫폼에서 30초나 1분 미리듣기를 하는데, 만약 30초 미리듣기를 하는 플랫폼에서 전주가 40초짜리 노래가 나오면 듣는 사람은 전주만 듣다가 끝이 나요. 그래서 30초 안에, 최대한 빨리 가수의 목소리를 들려주어야 파일을 구매해야겠다는 판단이 서요.

이런 기술적인 문제 때문에 전주가 없거나 매우 짧은 요즘 노래 스타일이 만들어졌어요. 그리고 이런 노래를 계속 듣고 자란 학생들은 긴 노래, 긴 전주를 지루해 하게 된 것이고요. 그러니까 집중력이 짧아져서 노래가 짧아진 게 아니라, 노래가 짧아져서 집중력이 짧아진 것이에요.

지금까지 이런 식의 변화들이 사회적으로 많이 일어났어요. 상업적인 플랫폼들은 우리의 집중력을 떨어뜨리도록 서비스의 방향을 잡아요. 집중하지 않아도 빠르고 쉽게 재미를 느낄 수 있는 편의를 제공한 것인데, 이런 서비스에 익숙해지면 오히려 우리는 생각하는 능력을 잃어버리게 돼요. 그래서 가끔은 의식적으로 디지털 디톡스(Digital detox)*를 하고, 의식적으로 책을 읽고, 의식적으로 생각을 하려고 노력해야 해요. 그래야 '사람'답게 살 수 있을 거거든요.

---

* **디지털 디톡스(Digital detox)** 개인이 컴퓨터나 스마트폰, SNS 같은 디지털 기기나 프로그램 사용을 스스로 자제하는 것으로, 인터넷 중독에서 벗어나고 오프라인으로 사회와 자연, 또 자기 스스로와의 관계에 초점을 맞추려 노력한다.

제5장

[생각이 우리 삶에 미치는 영향]

어제 내가 한 생각이 오늘의 나를 행동하게 했고,
오늘 내가 한 행동이 내일 내가 하는 생각의 방향을 바꾸어요.
생각은 한 개인을 움직이게 하는 원동력이자,
시대를 개척해 나아가는 힘이랍니다.

1 옳은 생각과 그른 생각은 어떻게 다를까?

〈해리 포터〉는 마법사들의 이야기예요. 그 이야기를 보면서 나도 마법을 부려 보고 싶다는 생각을 한 번쯤은 해봤을 거예요. 그 이야기에 나오는 마법사들은 모두 자기만의 지팡이를 사용해요. 마법사가 지닌 마법의 힘이 지팡이를 통해 나오거든요. 그런데 이 지팡이는 좋은 마법사의 손에 들어가면 좋은 마법의 힘을 더 잘 사용할 수 있고, 나쁜 마법사의 손에서는 나쁜 마법을 마구 뿜어내지요.

생각은 마치 〈해리 포터〉에 나오는 마법 지팡이와 같아요. 생각은 모두 그 성격이 다르고, 그 생각을 어떻게 사용하느냐에 따라 효과와 그 성능 또한 다르니까요. 어떤 생각은 친구를 웃게 하고 복잡한 문제를 멋지게 풀지만, 어떤 생각은 오해를 만들거나 마음을 아프게 해요. 그렇다면 '옳은 생각'과 '그른 생각'이 따로 있는 것일까요?

물론 분명하게 옳은 생각과 그른 생각으로 구분되는 경우도 많아요. '친구를 괴롭혀야지.'라는 생각은 그른 생각이고, '아픈 친구를 도와야지.'라는 생각은 옳은 생각인 것처럼요. 하지만 모든 생각이 이렇게 분명하게 구분되지는 않아요. 생각은 그 자체로는 옳거나 그르다고 판단하기 어려울 수도 있어요. 상황에 따라 생각의 의도가 달라 보이기도 하거든요. 여러분이 동생에게 "같이 게임을 하자!"라고 말했어요. 동생을 즐겁게 해 주려는 의도였으니 옳은 생각이에요. 보통 때라면 말이지요. 하지만 동생이 숙제를 해야 하거나 학원에 갈 시간이라면 달라져요. 여러분의 생각은 동생과 재미있는 시간을 보내려던 좋은 의도였지만, 동생의 상황에는 어울리지 않았기에 오해를 낳게 되었어요. 꼭 동생을 놀리는 것 같은 생각이 된 거예요. 그런 경우 동생은 여러분의 생각을 그른 생각으로 받아들이게 되겠지요.

    그리고 얼핏 생각하면 옳은 생각은 좋은 결과를 가져오고 그른 생각은 문제를 일으킬 것 같지만, 사실 반드시 그런 것은 아니에요. 예전에 DDT(Dichlorodiphenyltrichloroethane)라는 농약이 처음 개발되었을 때, 사람들은 해충을 퇴치해 농작물을 많이 수확하기를 기대하며 그 약을 사용했어요. 그러니까 옳은 생각, 좋은 의도인 것이었지요. 이 약을 만든 스위스의 화학자 파울 헤르만 뮐러는 1948년 노벨생리학·의학상을 받을 정도였으니까요. 실제로 말라리아나 뎅기열 같은 곤충에 의한 전염병을 줄이는 데 큰 공헌을 했어요. 하지만 이 약은 먹이사슬에 따라 생물 몸속에 쌓이고, 특히 새의 알껍데기가 얇아지는 등 자연 환경에 치명적인 독약이 되었어요. 그래서 지금은 대부분의 나라에서 사용이 금지되었어요. 옳은 생각이 나쁜 결과를 가져오게 된 거예요.

반대로 그른 생각이 좋은 결과를 이끌어 낸 경우도 있어요. 처음에 인터넷은, 미국이 핵전쟁 상황에서도 군사 지휘 체계를 유지하기 위해 군사적 통신망을 구축하고자 하는 의도로 개발되었어요. 그런데 지금은 전 세계를 연결하며 지식과 소통의 혁명을 만들어 낸 인류 최대의 기술 혁신 중 하나로 평가받고 있어요. 전쟁을 위한 기술이 인류를 위한 기술이 된 거예요. 이런 걸 보면 옳은 생각과 그른 생각이라는 것이 반드시 의도대로 되는 것은 아니라는 것을 알겠지요.

그리고 생각은 어떤 입장에서, 어떻게 받아들이느냐에 따라서도 옳은 생각과 그른 생각으로 나뉠 수 있어요. 반별로 교내 합창 대회에 참가하기로 했는데, 그 방법에 있어서 의견이 달랐어요. 반에서 노래를 잘하는 학생 10명만 뽑아서 참가하는 방법과 반의 모든 학생이 다 참가하는 방법으로 나뉜 거예요. 잘하는 10명만 뽑아서 참가하면 상을 받을 확률이 높아지니 우승을 목표로 한 면에서는 옳은 생각이에요. 하지만 10명에 뽑히지 못한 다른 학생들은 아무래도 합창 대회에 흥미를 느끼지 못할 수도 있어요. 뽑힌 10명만 즐기는 무대가 되니까요. 그래서 반의 화합과 모든 학생이 즐길 수 없다는

옳은 사람이 되고 싶어?
그럼 관찰하고 이해하고 생각해!

왜냐면 세상은 다양하고 복잡하거든!

면에서 보면 이 방법으로 합창 대회에 참여한다는 생각은 그른 생각이 되는 거예요.

옳은 생각과 그른 생각은 완전히 다른 것만은 아닐 수도 있어요. 같은 생각이라도 의도, 상황, 행동에 따라 결과가 달라지니까요. 하지만 옳은 생각에서 옳은 행동, 옳은 결과가 나올 가능성이 더 높아요. 그러니 이왕이면 옳은 생각을 하는 것이 더 좋겠지요? 그러려면 우리는 주변 상황을 파악하고, 다른 사람의 마음을 헤아려 좋은 결과로 이어지도록 노력해야 해요. 우리의 생각은 매일 삶을 바꾸는 씨앗이에요. 여러분의 생각은 어떤 씨앗을 심을까요? 그 씨앗이 자라서 어떤 멋진 나무가 될지, 궁금하네요.

2 누구의 생각이 중요할까?

생각은 웃음과 같아요. 나누면 커지고 빠르게 전파되지만, 혼자만 가지고 있으면 그냥 혼자 웃고 말겠지요. 또 내 생각만 고집하면 멋진 아이디어라도 그 상태에만 머물겠지만, 친구들의 생각을 나누고 받아들이면 훨씬 더 큰 결과를 만들어요. 생각을 주고받는 건 마치 혼자서

는 못 하는, 크고 복잡한 일을 다른 사람과 힘을 합쳐서 하는 것과 같아요. 따라서 우리는 혼자 생각을 하고 결정을 내리는 것도 중요하지만, 다른 사람과 생각을 나누고 발전시키는 과정이 삶을 더 풍성하게 만든다는 걸 명심해야 해요.

생각을 나누면 조금 더 발전된 아이디어를 이끌어 낼 수 있다고 했지요? 어떤 뜻인지 예를 들어 볼게요. 지구 온난화로 인해 시간이 지날수록 지구의 이상 기후가 점점 심해지고 있어요. 이런 상황에 대응을 하기 위해 전 세계 기후학자들이 데이터를 모아 함께 분석하고 미래 예측을 한 뒤, 대응 방법에 대한 보고서를 작성해요. 그리고 이 보고서를 공유해 기후 연구를 보다 효과적으로 진행하겠지요. 그럼 국가가, 또 개인이 지구를 보호하기 위해 지켜야 할 방법, 또 이상 기후에 대응하는 방법을 마련하는 데 도움을 준답니다.

생각을 나누는 건 문제를 더 잘 풀 수 있는 길이에요. 사람의 유전을 좌우하는 DNA가 발견되기까지는 많은 사람들의 생각 나눔이 있었다고 해요. 아주 오래 전에는 아이들이 부모를 닮는 현상에 대해 궁금해하기만 했지 그 이유를 몰랐어요. 그 이유에 대한 다양한 생각을 나누다 부모가 아이에게 물려주는 DNA가 답이라는 것을 알게 된 것이지요. 그 과정에서 같은 연구실의 과학자들은 함께 실험을 하고, 연구 결과를 분석하면서 DNA 발견을 할 수 있었다고 해요. 그러니까 한 사람이 처음부터 끝까지 혼자 연구를 하는 게 아니라, 다른 사람의 연구를 바탕으로 그 다음 단계를 연구하는 거예요. 그 과정이 쌓여 문제를 푸는 길에 다다르게 되는 것이지요.

다른 사람의 생각을 받아들이는 건 새로운 배움의 길을 열어 주고 발전할 수 있게 해 주기도 해요. '그럴 수도 있구나.', '이런 방법도 있구나!' 하고 깨닫게 되거든요. 우리가 많이 사용하는 SNS 중 하나는 원래 위치 기반 서비스 애플리케이션(Application)*이었어요. 사용자가 머

---

* 애플리케이션(Application) 애플리케이션 소프트웨어(Application software) 또는 애플리케이션 프로그램(Application program)의 줄임말로, 더 줄여서 '앱'이라고도 한다. 컴퓨터나 스마트폰 기계를 움직이게 하는 프로그램을 제외한 응용 프로그램을 이르는 말.

무르는 특정한 위치에 있는 맛있는 식당이나 분위기 좋은 카페, 재미 있는 놀거리 등의 정보를 제공하는 거예요. 그런데 초기 사용자들이 이 SNS 회사에 위치에 대한 정보 확인보다는 사진 공유 기능을 주로 사용한다는 의견을 주었어요. 운영진은 이 의견을 받아들였고, 애플 리케이션의 발전 방향을 위치 기반에서 사진 공유 중심의 SNS로 전 환했어요. 지금은 전 세계 곳곳에 있는 사람들이 올린 사진을 보며 소 통을 하고 정보도 주고받는 애플리케이션이 되었지요.

생각을 나누다 보면 때론 의견이 부딪힐 때도 있어요. 그럴 때는 한 쪽이 다른 쪽을 설득해서 둘 중 하나의 의견으로 기울어질 때도 있지 만, 두 의견의 중간 지점을 찾아 타협안을 만들기도 해요. 두 의견의 장점을 모으게 되면, 원래의 의견보다 더 좋은 의견이 되기도 해요. 예 를 들어 A스튜디오와 B스튜디오가 함께 애니메이션을 개발해야 했어 요. 그런데 두 스튜디오의 성향은 상당히 달랐어요. A스튜디오는 창 작자의 자율성을 존중해 실험적인 작품을 만들려는 의지가 강했고, B 스튜디오는 테마파크와도 연결이 되고 흥행을 성공시켜야 하니 무조 건 상업성을 최우선으로 두었지요. 하지만 반드시 하나의 작품은 나 와야 했기에, 이 두 스튜디오는 캐릭터 성격과 이야기 전개 방식에서 끊임없이 작품성과 상업성 사이를 조율하며 그전까지 없던 새로운 작품을 탄생시켰어요. 그 작품이 바로 세계적 성공을 거두며 애니메이션의 새로운 장르를 개척했다는 평을 듣는 〈토이스토리〉랍니다.

이렇듯 생각을 발전시키는 건 팀워크의 마법이에요. 덴마크의 세계적인 블록 장난감 회사인 '레고' 알지요? 그런데 이 회사가 사정이 어려워 문을 닫을 뻔한 적이 있어요. 인터넷이 보편화된 후, 사람들은 인터넷 게임만 하고 더 이상 레고를 가지고 놀지 않았거든요. 그때 레고는 '레고 아이디어 시리즈'라는 것을 만들어 사용자들이 낸 아이디어로 실제 제품을 만드는 기획을 했어요. 레고 커뮤니티에 개인이 레고 블록을 사용해 새로운 작품을 만들어요. 그럼 이를 본 사람들이 투표를 하고, 전 세계 레고 팬들에게 10,000표 이상을 얻은 아이디어를 디자이너와 개발자가 제품으로 만들어 출시하는 것이지요. 결국 레고는 다시 전 세계의 관심을 받았고, 어른과 아이 모두에게 사랑을 받게 되었어요. 레고 회사가 소비자들과 생각을 나누지 않고, 자기들만의 생각에 갇혀 있었다면 지금처럼 다양한, 그리고 기발한 제품들이 탄생하지 않았을지도 몰라요. 이 세상은 혼자 키우는 꽃 한 송이가 아니라 여럿이 함께 만드는 정원

크기와 색이 다른 블록을 쌓아 완성품을 만드는 것처럼, 지식과 경험을 쌓아 생각을 만들지.

이에요. 여러 생각들이 어우러져 조화를 이룰 때 훨씬 아름다운 정원이 만들어지니까요. 생각을 잘 나누고 발전시키려면 어떻게 해야 할까요? 내 생각만 중요하다고 생각하지 말고, 다른 사람의 생각 역시 중요하게 생각하고, 그의 말에 귀를 기울여야 한답니다.

3 작은 생각이 개인과 사회를 바꾼다고?

생각은 우리 삶과 세상의 발전 방향을 바꾸는 힘이에요. 한 사람의 생각이 자신을 더 나은 사람으로 만들고, 동네를 더 살기 좋게 하고, 심지어 전 세계를 더 나은 곳으로 바꿀 수 있어요. 지금까지 세상을 바꾼 사람들은 모두 처음에는 혼자만의 생각에서 시작한 거예요. 그 작은 생각 하나가 자신을 성장시키고, 지역 사회를 바꾸고, 세상에 새로운 바람을 불어넣지요.

생각이 한 사람과 세상을 어떻게 바꿀 수 있는지 알려 줄게요. 생각은 가장 먼저 나 자신을 바꿀 수 있어요. 한 사람이 매일 팔굽혀 펴기 1,000개씩을 한다고 해요. 그래서 사람들이 어떻게 팔굽혀 펴기를 1,000개, 그것도 매일 할 수가 있냐고 물어보았지요. 그랬더니 이렇게

대답했어요. "1개부터 시작하면 됩니다." 처음에는 자신이 할 수 있는 정도로만 시작해서 점점 개수를 늘려 가자고 생각하고, 이 생각을 바탕으로 매일 팔굽혀 펴기를 실천했어요. 어느 날 보니 자신이 하루에 팔굽혀 펴기를 1,000개씩 하고 있더라는 것이지요. 그리고 이는 그 사람을 몸은 건강하고 마음에는 자신감으로 가득 찬 사람으로 만들었어요. 작은 생각이 행동으로 이어지면서 몸과 마음이 건강한 사람으로 바꾼 거예요. 생각은 나를 더 나은 방향으로 이끄는 첫걸음, 맞지요?

그리고 생각은 지역 사회를 더 나은 곳으로 만들 수도 있어요. 경상남도 통영에는 '동피랑 벽화 마을'이란 곳이 있어요. 원래는 낙후된 마을이라 철거가 예정된 곳이었지요. 그런데 시민 단체와 전국의 청년 예술가들이 참여해 통영의 벽을 그리자는 의견을 내놓았고, 곧 이 마을에 아름다운 벽화를 그리기 시작했어요. 마을 주민들과 협의하며 허름한 담벼락과 건물의 벽에 밝고 개성 있는 그림들을 그려 넣었지요. 파란 바다와 고래, 아이들, 달팽이, 추억의 캐릭터 등 다양한 주제

의 그림들이 이 마을의 벽을 채웠어요. 그 결과 철거 대상이었던 마을이 지금은 통영의 대표적인 관광 명소가 되어 수많은 관광객이 방문하는 곳이 되었지요. 주민들은 마을 카페나 기념품 가게, 숙박업 등을 하며 지역 상권이 활성화되었고요. 정신적으로도 물질적으로도 마을 주민들의 삶의 질이 향상되었어요. 처음 몇몇 사람의 생각이 지역 사회를 완전히 바꾼 것이지요.

생각은 더 큰 사회적 변화를 일으킬 수도 있어요. 스웨덴의 평범한 회사원이었던 에릭 알스트롬은 2016년에 스톡홀름으로 이사를 왔어요. 그런데 길에 널린 쓰레기를 보고 충격을 받았지요. 그리고 곧 평소 조깅을 즐기던 그는, 달리는 동안 쓰레기를 함께 줍자는 생각을 떠올리게 돼요. 그래서 '조깅(jogging)'과 '줍는다(plocka upp)'의 합성어로 '플로깅(Plogging)'이라는 단어를 만들고 SNS에 활동을 올리기 시작했어요. 그런데 이 생각이 사람들의 공감을 얻게 되면서 유럽, 북미, 아시아 등 전 세계로 빠르게 퍼져 나갔지요. 그 후로 스웨덴 환경청, 유럽 여러 도시, 글로벌 환경 단체들이 플로깅 캠페인에 동참했고, 2018년 이후로 한국, 일본, 인도, 미국에서도 시민 운동으로 자리 잡기 시작했어요. 한 사람의 생각이 전 세계 사람들이 동참하는 큰 사회적 변화를 만든 거예요.

한 사람의 생각이 사람들의 삶을 완전히 바꾼 경우도 있어요. 어떤 컴퓨터 회사 사장이 '하나의 기계에 전화도 할 수 있고 메시지도 보내며, 인터넷 검색과 음악까지 들을 수 있는 기능을 다 넣으면 어떨까?'라고 생각했어요. 그것도 한 손에 들어오는 크기로요. 사장은 그 생각을 행동으로 옮겼고, 기계를 '똑똑한 전화'라는 뜻의 스마트폰(smartphone)을 개발했어요. 이 스마트폰에 '아이폰'이라는 이름을 붙여 2007년에 대중에 공개하지요. 이 컴퓨터 회사 사장 이름이 바로 '스티브 잡스'예요. 여러분도 누군지 알고 있지요?

스마트폰이 출시된 후, 전 세계 사람들의 삶은 완전히 바뀌었어요. 지금은 아침부터 저녁까지 스마트폰을 손에서 놓지 않는 사람들이 많을 정도예요. 공부도, 일도, 소통도, 놀이도 모두 스마트폰으로 하니까요. 전 세계 사람들이 말이지요. 스티브 잡스 한 사람의 생각이 인류의 삶의 방식을 완전히 바꾼 거예요.

하지만 생각이 변화를 만들려면 행동이 따라야 해요. 한 마을에 사는 사람이 '아이들이 안전하게 놀 수 있는 공원이 필요해.'라고 생각했어요. 이 사람은 생각만 한 게 아니라 마을 회의에서 이 아이디어를 제안했고, 주민들과 함께 공원 설계도를 만들었지요. 결국 마을에 새 놀이터가 생겼고 아이들이 웃으며 뛰노는 공간이 되었어요. 생각은 머릿속에서만 존재하지만, 생각을 행동으로 옮기면 현실이 돼요. 그리고

생각 없이 행동하면 엉뚱한 결과가 나올 수 있지만, 행동 없이 생각만
하면 아무 일도 일어나지 않아요.

　여러분은 지금 어떤 생각이 드나요? 아직 아무런 생각이 없다고요?
괜찮아요. 지금 이 문장을 본 뒤, 머릿속에서 이런 생각이 맴돌 거예요.
　'난 무슨 생각을 하고 있지?'
　그렇다면 이미 여러분의 생각은 시작되었어요.

개인의 삶을 넘어, 세상을 바꾼 생각

1997년, 파키스탄에서 태어난 말랄라 유사프자이(Malala Yousafzai)라는 여성이 있어요. 말랄라가 학교를 다니던 당시, 파키스탄 스와트 지역은 탈레반*이 점령하고 있었고, 탈레반은 여성이 학교에 다니는 것을 금지했어요. 하지만 말랄라는 여성도 교육받을 권리가 있다는 생각을 해요. 어떻게 보면 당연한 생각인데, 말랄라는 '왜 우리나라 여자는 학교에 갈 수 없는 것이지? 여자도 학교에 가야 한다.'는 이 생각을 행동으로 옮기지요. 하지만 당시에 11살에 불과한 말랄라가 할 수 있는 일은 많지 않았어요. 그래서 선택한 것이 영국의 대표적인 언론인 BBC의 공식 블로그에 가명으로 글을 올리는 것이었어요. 전 세계 많은 사람들이 보는 프로그램이라 영향력이 있을 거라 생각했기 때문이에요. 말랄라는 탈레반의 억압 아래 살아가는 여성의 삶과 학교 교육을 갈망하는 소녀의 심정을 써 올렸어요. 학교에 가는 길이 무섭고, 친구들이 하나둘 학교를 포기한다는 내용이었지요.

이 글을 본 탈레반은 말랄라가 글을 썼다는 것을 알아냈고, 2012년에 학교에서 귀가하던 말랄라를 공격했어요. 말랄라는 이때 심각한 부상

* 탈레반 아프가니스탄의 이슬람주의 정치 조직으로, 미국, 캐나다, 아랍에미리트 등 여러 나라에서 테러 조직으로 분류한다.

제 일생의 목표는 전 세계의 모든 여자아이가 12년 동안 안전하고 질 높은 교육을 받도록 돕는 것입니다.

아직 11살 인데 대단해!

을 입었지만 다행히 영국으로 이송되어 치료를 받아 목숨을 구했어요. 이 사건은 전 세계적인 분노와 지지를 불러일으켰지요.

말랄라는 회복 후에 침묵하지 않고 오히려 더 강력하게 목소리를 내기 시작해요. 2013년에는 유엔 본부에서 연설을 하며 전 세계 여성 교육의 중요성을 호소해요. '책 한 권, 펜 하나, 아이 한 명, 선생님 한 명이 세상을 바꿀 수 있다.'는 말이 이 연설에서 나온 말이에요. 말랄라의 생각은 단순하지만 강력했지요.

"여성도 교육 받을 권리가 있다."

말랄라의 이런 생각과 행동은 많은 사람들에게 인정을 받아 2014년, 17세 나이로 노벨 평화상을 수상하게 돼요. 역사상 최연소 수상자였지요. 말랄라는 이후 전 세계를 다니며 여성 교육, 인권, 난민 문제에 대한 연설과 기부 활동을 해요. 그리고 말랄라 기금(Malala Fund)이라는 국제 단체를 만들어, 개발 도상국 여성의 교육을 지원하고 있어요. 지금도 말랄라는 교육 운동가로 활동 중이고 UN 및 다양한 국제기구와 협력해 도움이 필요한 곳에 손을 내밀고 있지요.

말랄라 덕분에 전 세계적으로 소녀를 대상으로 한 교육에 대한 관심이 커졌고 여성의 인권도 그에 따라 더욱 성장할 수 있었어요. 개발 도상국이나 내전 등으로 상황이 어려운 나라들에서는 여성의 교육이 제대로 이루어지지 않는 경우도 많은데, 말랄라의 생각은 그런 나라들의 여성 교육을 바꿔 놓는 씨앗이 되었거든요.

말랄라 유사프자이는 한 소녀의 생각과 용기 있는 행동이 어떻게 세계를 바꿀 수 있는지를 보여 준 인물이에요. 목숨에 위협을 받았지만 오히려 더 큰 목소리로 전 세계에 교육은 권리이며, 침묵하지 않는 것이 변화의 시작임을 말해 주었어요. 생각이 개인의 삶과 세상을 바꿀 수 있음을 보여 주는 훌륭한 사례랍니다.

- **사진 출처**
  18쪽 로쿠투스 보르그, 〈올도완 석기〉_위키미디어

㉘ 생각

글 이시한 그림 이진아

1판 1쇄 인쇄 | 2026년 1월 30일
1판 1쇄 발행 | 2026년 2월 11일

펴낸이 | 김영곤
TF팀 팀장 | 김종민
기획편집 | 양선희 **마케팅** | 정성은 김지선
북디자인 | designS **외주편집** | 이정은
영업팀 | 정지은 한충희 장철용 강경남 황성진 김도연
제작팀 | 이영민 권경민

펴낸곳 | (주)북이십일 을파소
등록번호 | 제406-2003-061호 **등록일자** | 2000년 5월 6일
주소 | 경기도 파주시 회동길 201(문발동) (우 10881)
전화 | 031-955-2401(기획개발), 031-955-2100 (마케팅·영업·독자문의)
팩시밀리 | 031-955-2421
브랜드 사업 문의 | license21@book21.co.kr

ISBN 979-11-7357-741-3 43100

- 제조자명 : (주)북이십일
- 주소 및 전화번호 : 경기도 파주시 회동길 201(문발동) / 031-955-2100
- 제조연월 : 2026. 2. 11.
- 제조국명 : 대한민국
- 사용연령 : 8세 이상 어린이 제품

함께 읽어 보세요!

 국민 담임 서진쌤 기획

어휘와 마음이 자라는 세계 명작 필사 노트

감성이 담긴 문장 한 줄의 힘

사랑받는 교육 멘토 서진쌤의 한마디와
함께하는 세계 명작 속 문장 따라쓰기

글 정서진·박경선 | 그림 영수

OVC 아울북 비주얼 클래식

레 미제라블 ❶~❷권

만화로 쉽게, 명작으로 깊게!

빅토르 위고의 명작 《레 미제라블》,
재미있는 만화와 독후 활동을 통해
아이들의 읽는 힘을 길러 주세요!

원작 빅토르 위고 | 글 안경순 | 그림 연무

정일영 선생님이 들려주는
《레 미제라블》

공부가 쉬워지는 필수 도구
옥효진 선생님의 과목별 학습도구어

국어 | 수학 | 사회 | 과학

학습도구어와 친해지면 어려웠던
개념이 자연스럽게 이해되고,
공부가 훨씬 더 수월해집니다.

초등 6년이 든든해지는 대백과 시리즈

옥효진 선생님의
시사 용어 대백과

신간

시사 용어를 알면 교과서 지식이
현실과 연결되고, 세상의 흐름을
읽는 통찰력까지 자라게 됩니다.